Los S

Interpretación,Análisis
Significado

Morfeo

Los Sueños
Interpretación, Análisis,
Significado

Grupo Editorial Tomo, S. A. de C. V.
Nicolás San Juan 1043
03100 México, D. F.

1a. edición, junio 1998.
2a. edición, noviembre 1998.
3a. edición, marzo 1999.
4a. edición, marzo 2000.
5a. edición, septiembre 2001.
6a. edición, diciembre 2002.
7a. edición, junio 2004.
8a. edición, marzo 2005.

© *Los Sueños*
Morfeo

© 2005, Grupo Editorial Tomo, S.A. de C.V.
Nicolás San Juan 1043, Col. Del Valle
03100 México, D.F.
Tels. 5575-6615, 5575-8701 y 5575-0186
Fax. 5575-6695
http://www.grupotomo.com.mx
ISBN: 970-666-057-7
Miembro de la Cámara Nacional
de la Industria Editorial No 2961

Diseño de portada: Trilce Romero.
Supervisor de producción: Leonardo Figueroa

Impreso en México - *Printed in Mexico*

ÍNDICE

Introducción

A través de los años, y desde que hizo su aparición en el planeta Tierra, el hombre ha tenido la necesidad de dormir, en promedio, una tercera parte de su existencia para poder descansar y realizar sus labores cotidianas. Y es durante esta parte de nuestras vidas —cuando descansamos—, que en ocasiones aparecen imágenes indescifrables, y en otras, suelen ser tan reales como la vida misma.

Este fenómeno psicológico y fisiológico que se llama "sueño humano", ha provocado que científicos e investigadores, hayan pasado gran parte de sus vidas en el estudio de los sueños, encontrando algunos de ellos, ciertas respuestas a nuestras experiencias oníricas.

Sigmund Freud fue, quizá, quién dedicó el estudio más completo y coherente de los sueños, asegurando que éstos denuncian secretos que el subconsciente humano tenía ocultos o escondidos celosamente. Por otra parte, Carl Jung, psicoanalista y ensayista, aunque desplazando las connotaciones eróticas de Freud, coincidía en la existencia de versiones anticipadas en los registros del sueño, reconociendo que todos los hombres tienen en su subconsciente una figura femenina dominante, y las mujeres, por pasivo, a un hombre.

Gracias a estos dos grandes de la psicología, entre otros, actualmente la ciencia nos dice que los sueños son revelaciones del alma del subconsciente, siendo constantemente estudiados por psicoanalistas o psiquiatras. Y son precisamente éstos, los que han podido establecer que todos los seres humanos soñamos, aunque solamente algunos de nosotros logramos recordar los sueños.

Pero. . . ¿Qué es el sueño?. . ., ¿por qué soñamos?

Poco es lo que conocemos de este estado, situaciones que parecieran absurdas en la realidad, tiene coherencia absoluta en ellos. Caminaremos por lugares que nos resultarán familiares aunque jamás hayamos estado en ellos.

En los sueños el espacio y el tiempo carecen de trascendencia y valor, es por eso que nunca llegaremos a saber si ese sueño nos consumió diez segundos o cinco horas, ya que escaparán a toda lógica y serán independientes de nuestra voluntad.

Además, por más que lo intentemos, nunca lograremos soñar lo que nos gustaría, del mismo modo que con el despertar habremos dado fin al sueño experimentado, sin posibilidades de continuidad, ya que en los sueños no hay segundas partes.

En este libro, intentaremos exponer, de manera muy general y sencilla, qué son los sueños, porqué soñamos, y cuáles son sus causas, intentando después interpretar algunas de las somnolencias más comunes que todos y cada uno de nosotros aunque en ocasiones no podemos, o no queremos, recordarlas.

I. Los Sueños... Sueños son

El sueño es uno de los fenómenos que ha movido y encerrado más curiosidades, misterios y controversias a lo largo de la historia. Todos hemos experimentado lo que es el sueño, pero muy pocos, son los que se han adentrado en estudio del mismo.

Tratándose de una operación funcional que tiene que ver con el equilibrio fisiológico, el sueño no debe ser tomado con ligereza. Lo recomendable por los especialistas, es dormir diariamente de siete a ocho horas para reposar y recuperar las energías perdidas.

Indudablemente todos soñamos, no igual, pero todos lo hacemos. Sería ingenuo decir que un niño y un anciano sueñan igual, o que un magnate tiene la misma experiencia onírica que un albañil. Sin embargo, a través de los años y en todos los pueblos, el hombre se sorprendió de la extravagancia de los sueños y su relación con sucesos posteriores.

El sueño es un acontecimiento que se revela al mundo de la mente cuando los sentidos naturales empiezan a descansar. El subconsciente, calificado por algunos científicos como el inconsciente, muestra un estado inferior de la consciencia psicológica, en el que por la poca intensidad o duración de las percepciones, las incidencias de un sueño no pueden ser canalizadas con base en razonamientos lógicos. Es entonces el subconsciente el que domina la temática de nuestros sueños, recogiendo mediante propiedades parapsicológicas los datos que el sujeto descargará mientras hace reposar sus sentidos.

Científicamente, el sueño se ha dividido en cuatro etapas, las cuales están dirigidas por patrones característicos de ondas cerebrales no conectadas entre sí.

La primera de estas etapas es la denominada como de los "sueños ligeros". En esta etapa, el sujeto se siente lentamente transportado por una sensación maravillosa que parece permitirle flotar, es entonces cuando las percepciones que refleje su mente invadirán ese sueño, aunque ninguna de ellas va a quedar fija en su cerebro. Sus músculos se irán relajando lentamente, su respiración será más profunda y regular, la actividad del corazón mostrará ritmos cardíacos más lentos y menos acentuados. En este período cualquier ruido, por ligero que sea, puede despertar al sujeto. Esta primera etapa, dura muy pocos minutos.

Entramos luego en la segunda etapa. Es en ésta donde las reacciones cerebrales se extienden y suben ligeramente de ritmo. Los ojos comienzan a recorrer lentamente y en círculos los perímetros de su órbita, como si intentaran encontrar un lugar para descansar plácidamente. En esta etapa el sueño se vuelve más profundo, sin embargo, el sujeto puede ser despertado aún con gran facilidad.

En la tercera etapa, las ondas cerebrales se acentúan un poco más, pero a menor velocidad. Los músculos se encuentran totalmente relajados y la respiración es profunda y acompasada. La actividad cardíaca disminuye con relación a las dos etapas anteriores. La temperatura del cuerpo y la presión sanguínea siguen descendiendo. La profundidad de este estado de postración, harán necesario un ruido mucho más fuerte para despertar al individuo.

De esta manera, llegamos a la cuarta etapa, en la cual el sueño será mucho más profundo y los músculos del cuerpo totalmente relajados. Es el momento del reposo total. Aquí, el cuerpo encuentra una posición fija y la actividad del ritmo cardíaco y la temperatura llegan al nivel más bajo. La respiración se hace entonces más lenta y con pausas más largas. El sujeto no responderá a estímulos exteriores, ni podrá identificarlos adecuadamente. Es esta la etapa del "sueño profundo", en la cual será necesario algo más que un ligero ruido para rehabilitar el cerebro del durmiente. El "sueño profundo", es fundamental para recuperar la energía consumida durante la actividad cotidiana. Cualquier perturbación del descanso durante esta etapa, se irá acumulando en forma de cansancio, haciendo necesario reemplazarla en descansos posteriores. Durante esta situación es probable que una interrupción intempestiva del sueño provoque angustia y sonambulismo, agudizando la imposibilidad de volver a conciliar el sueño.

No obstante, cuando caemos en este "sueño profundo", nuestros cuerpos no permanecen totalmente inactivos. Sin darnos cuenta, inconscientemente, y a veces percatándonos de ello, realizamos ciertos movimientos o cambiamos de posición nuestro cuerpo. Por ejemplo, cuando algún mosquito o cualquier persona nos hace cosquillas al dormir, nuestro cuerpo reacciona ante ello con movimientos.

En ocasiones se ha dicho que el ser humano se va quedando dormido por "partes"; esto es, primero perdemos el pensamiento verbal, el cual nos permite abastecer, encadenar ideas y razonar. Después, el sueño afecta el funcionamiento normal de nuestras reacciones conscientes. Se puede afirmar que algunos de nuestros sentidos nadan en el sueño, mientras que otros se hunden en él.

II. ¿Qué fue lo que Soñé?

Luego de una noche llena de sueños que creemos prolongados —aunque sólo hayan consumido unos minutos de nuestro dormir—, nos despertamos sin tener la certeza de las cosas en las que fuimos protagonistas, y apenas recordamos episodios aislados de esos sueños.

Sin embargo, nuestro subconsciente nos estimula a vivir por horas en el lugar de esa aventura soñada, aunque no tengamos una clara noción de su desenlace. Es por esto que hay veces que pasamos más de un día recordando nuestro sueño y nuestro ánimo se volcará al pesimismo si el sueño fue negativo, o a la alegría si tuvimos uno agradable.

Esto quiere decir que ni la memoria, ni el razonamiento, se ven afectados por lo ocurrido en nuestro descanso, ese sueño echa raíces en el subconsciente y nos marca las pautas de nuestro proceder inmediato de acuerdo con las variaciones del sueño vivido.

Regularmente los sueños que con mayor facilidad se olvidan, son aquellos que no tuvieron trascendencia, ni podemos relacionarlos con la realidad. También puede ocurrir que haya una visión del sueño poco clara, sin definición concreta, o bien, que el mensaje no sea del agrado del consciente del sujeto, y que éste prefiera rechazarlo.

Si el "soñador" fuera una persona analítica o ajustada a reacciones lógicas, seguramente olvidaría cualquier sueño fantasioso o disparatado. Por el contrario, si ese sueño estuviera ligado a intereses que sólo son trascendentes para el sujeto, o le son de importancia, es probable que el sujeto lo recuerde con mayor claridad.

En ocasiones, comentamos las aventuras de nuestro sueño a un amigo, y nos sorprende la claridad con la que interpretamos el mensaje. Pero aunque no pudiéramos definir con exactitud algunos de los detalles de ese sueño, podremos, al despertar, ofrecer un relato más o menos coherente y lógico. No se debe olvidar que al despertar de un sueño, cerramos una etapa que no es recuperable de ningún modo. Volvemos entonces a dormirnos, y por mucho que lo intentemos, aquel sueño quedará perdido en lo más profundo de nuestro inconsciente.

Si quisiéramos recordar lo soñado, tendríamos que ir recordando todo lo vivido y ajustarlo a conclusiones lógicas y coherentes. De esta manera, quizá lograríamos una reconstrucción casi total y lógica del sueño. Inevitablemente, sólo recordaremos los sucesos agradables de ese sueño, y procuraremos olvidar los incidentes desagradables del mismo. Esta hace más difícil la reconstrucción de lo soñado. Es como si quisiéramos quitar las cosas que nos disgustan.

Otro de los factores que nos impiden recordar lo que hemos soñado, es el despertar de una manera brusca y rápida. Se recomienda, en este caso, anotar lo que se recuerde del sueño que nos interesa, ya que la memoria, que sólo es pasiva en nuestras aventuras oníricas, no nos ayudará mucho si dejamos pasar un largo tiempo desde el momento de aquel despertar.

No tratemos de analizar ni razonar nuestro relato, ya que encontraremos cosas que no son coherentes, pero que sin embargo, recordaremos claramente. Desarrollemos el relato de nuestro sueño sin rubores. De lo contrario, en lugar de revitalizar las escenas vividas mientras soñábamos, no haremos otra cosa que escribir una novela irreal y confusa. Y esa no es la intención de quien quiere tener una versión adecuada del sueño vivido.

III. *Dime Cómo Duermes, y te Diré Quién Eres*

Para comprender el sentido de la postura que determinadas personas adoptan durante el sueño, hay que conocer el estilo de vida que cada una de ellas lleva. Se ha comprobado que la posición y los cambios del individuo que duerme, proporcionan importantes "señales" que orientan en el descubrimiento de algunas características anímicas del sujeto en cuestión.

A continuación, presentaremos algunas de las posturas más comunes entre los durmientes, las cuáles, no deben ser tomadas como reglas fijas, sino como puntos de referencia para la interpretación de los sueños:

* Dormir boca arriba: si se hace con las piernas extendidas, y los brazos y la cabeza descubiertos, puede interpretarse

como una disposición para enfrentarse valientemente con la vida y sus problemas. Esta postura, generalmente se relaciona con personas que gozan de un sano equilibrio moral y de una plenitud física.

* Dormir boca abajo: denota incapacidad de conciliar el sueño, y puede indicar frecuentemente una necesidad constante de ejercer una superioridad que se manifiesta latente. Puede revelar en las mujeres, el afán de hacer prevalecer su opinión o autoridad. En los hombres, significa la necesidad de vencer algún contratiempo, ya sea grande o pequeño, surgido durante el día.

* Dormir con los puños cerrados: se relaciona con personas llenas de un complejo de resentimientos, que viven en continua hostilidad con el mundo que les rodea. En ocasiones, también se relaciona con personas valerosas que seguramente, han tenido que luchar mucho en la vida, y están dotadas de valor y energía. Como se puede ver, esta interpretación tiene un lado positivo y otro negativo. Para poder saber cuál de los dos casos es el que le interesa, se debe de conocer más íntimamente a la persona observada.

* Dormir con el brazo debajo de la almohada: generalmente, las personas que duermen en esta posición denotan una necesidad subconsciente de afecto.

* Dormir siempre del lado de la pared: esta postura, puede compararse con la timidez que algunas personas sienten, sobre todo, en presencia de extraños.

* Dormir acurrucado: esta posición es típica en las personas, y principalmente en los niños de ambos sexos, excesivamente mimados. Esta postura manifiesta un instinto de autodefensa que tiene sus orígenes en la posición intrauterina del individuo. Puede decirse, que esta postura durante el sueño indica un miedo, más o menos crónico, y una posición defensiva ante la vida.

IV. La Vida...Ensueño

Muchos creen que el tener ensueños, es síntoma de un sueño ligero, y que si no se recuerda, no se ha dormido y descansado verdaderamente bien; pero la función de un ensueño, es totalmente lo contrario: un ensueño es la manera en que la naturaleza nos permite dormir en una situación que normalmente nos mantendría despiertos.

Por ejemplo, hay veces que escuchamos el despertador por las mañanas, sin embargo, estamos tan inmersos en el ensueño, que creemos estar soñando el ruido del despertador y no le hacemos caso en la realidad. Inclusive, hay ocasiones que creemos que nos hemos levantado y nos hemos vestido. Esto se debe a que el deseo de dormir es tan profundo, que el ensueño se ha encargado de mezclar lo que estamos haciendo, que es dormir, con lo que en realidad deberíamos de estar haciendo, que es estarnos levantando.

Los sueños absorben todos los estados de ansiedad y las preocupaciones del día. Por ejemplo, si tenemos problemas económicos, soñaremos que nuestras deudas han sido pagadas, o si enfrentamos un problema de tipo legal, nuestro sueño se encargará de que la solución llegue sin ningún contratiempo.

Cuando se presentan sueños sexuales en el ensueño, éste se encarga de ocultar los sentimientos reales del sujeto para con su familia y amigos, presentando a otra persona ajena de la que en realidad se trata.

Para descifrar los símbolos de los ensueños, se necesita la ayuda de alguien experto que conozca perfectamente al sujeto, ya que la mayoría de los ensueños son muy complicados y tienen un gran número de símbolos significativos y obscuros.

V. Anoche no Dormí. . .
(Pesadillas e Insomnio)

Las pesadillas en el sueño son las encargadas de aumentar temores, producto de amenazas inexistentes, y en él, se presentan compañías poco agradables. Es la llegada de un espanto irracional que se introduce en los sueños con imágenes indescriptibles ajenas a la realidad.

Las investigaciones con respecto a las pesadillas, nos han demostrado que éstas aparecen en su gran mayoría, durante los sueños de los adultos. Los individuos de temperamento demasiado sensible, los que se inquietan por cualquier tipo de acontecimientos o contrariedades, esos que no reaccionan debidamente a estímulos exteriores, inesperados o ante la acumulación de problemas cotidianos, son los más propensos a las pesadillas.

Si alguna de estas personas sufrió de sueños crueles durante su infancia, volverá a sufrirlos cuando sea adulto, convirtiéndose la pesadilla en una amenaza de permanencia y vigencia absoluta que les puede perseguir durante toda la vida, a menos que se encuentre la energía psíquica adecuada para contrarrestarla.

Generalmente, las pesadillas suelen irrumpir algún sueño muy grato y placentero, comprobándose que el 70% de los sueños de un sujeto normal, son cargados de tensión y desagradables.

Por otra parte, las teorías de que una mala digestión nos lleve a una horrible pesadilla durante la noche, carece de todo fundamento, pues hasta la fecha, no existe una prueba fehaciente de esta teoría. Por lo general, el individuo que comió en demasía antes de dormir, se despierta de su sueño debido al malestar estomacal, y no por un mal sueño que esté teniendo.

Finalmente, y para todos aquellos lectores que temen tener pesadillas constantemente, les aseguramos que los sueños siempre tendrán inclinación a lo agradable.

Por lo que respecta al insomnio, éste suele o puede tener causas patológicas diversas: gripe, enfermedades respiratorias o cardíacas, psicopatía, encefalitis, meningitis, etc.

En todos estos casos, el tratamiento se confunde con el de la enfermedad o infección que es su causa directa.

La mayoría de los casos de insomnio común, no necesitan más que simple medidas de higiene diaria, tanto mental como corporal. Para combatir el insomnio, no son recomendables los "calmantes", pues éstos pueden ser peligrosos, ya que empleados diariamente, podrían producir una intoxicación, y harían imposible todo descanso sin drogas.

Entre las muchas causas que producen insomnio, y que están a nuestro alcance solucionar, se encuentran: la disposición de la cama, la consistencia del colchón y almohada, la alimentación, la temperatura corporal, etc.

Además de estos factores, se debe tomar en cuenta la regularidad de la costumbre para irnos a la cama, esto es, si normalmente nos acostamos a las 10 de la noche, intentemos hacerlo así todos los días, ya que si cambiamos el horario para dormir constantemente, se hará más difícil conciliar el sueño.

VI. *Sueños de la "A" a la "Z"*

— A —

Abad.—Deberá controlar sus impulsos y estados de ánimo; podrá perder la confianza de sus amistades y tendrá desengaños. También puede significar la recuperación, total o parcial, de alguna enfermedad y que soportará muchas penas.

Abanderado.—Indica grandeza en su futuro si se le ve muerto en alguna batalla; presagia un peligro inminente si aparece huyendo; si está en compañía de alguna tropa, predice que disfrutará de ganancias.

Abandono.—Este sueño, muy común en jóvenes, indica la necesidad de independencia, sin presiones ni tutelas. Cuando se ve uno abandonado, indica alegría, fortuna y larga vida; si el cónyuge es el que abandona, deberá buscar pronta solución a sus problemas e intentar una reconciliación; si usted es el que renuncia a algo, pronto recibirá buenas noticias; si se abandona el hogar, presagia felicidad y prosperidad en los negocios.

Abanico.—Recibirá muy buenas noticias en un futuro si usted tiene un abanico; si lo pierde, seguramente se verá inmiscuido en una riña con los vecinos.

Abatido.—Sentirse desanimado o abatido, indica que pronto recibirá muy malas noticias.

Abdomen.—Ver su propio abdomen, le presagia muchas oportunidades y grandes esperanzas, pero intente poner mayor esfuerzo en su trabajo; si le duele el vientre, tendrá energía y salud para poder llegar a sus metas; si éste crece durante el sueño, presagia (en los hombres) grandes honores, o (en las mujeres) alta posibilidad de quedar embarazada.

Abejas.—Sus compromisos serán lucrativos y agradables, tendrá éxitos en los negocios y mucha dicha en lo conyugal; si la abeja lo pica, sufrirá a causa de un amigo, pérdidas y engaños.

Abismo.—Si se ve un abismo, puede perder propiedades y verse envuelto en riñas y reproches de tipo personal; si cae en uno, indica que sufrirá una desilusión total.

Abogado.—Verlo, presagia pleitos, pérdida de dinero o desgracia inminente; sin embargo, si usted es el abogado, indica que pronto recibirá buenas noticias que son completamente inesperadas.

Aborrecer.—Cuando se detesta a alguien o algo, indica un peligro cercano; si el aborrecido es el que sueña, presagia triunfo sobre los males y peligros que le acechan.

Aborto.—Si se ve uno, presagia fracasos en los proyectos profesionales y sentimentales; si se realiza, indica que, debido a un descuido en el trabajo, se verá expuesto a un sinfín de problemas.

Abrazar.—Dependiendo a quién abrace, ese será el significado de su sueño, por ejemplo: a un pariente, indica traición; a un amigo, es síntoma de engaño; a una mujer, le traerá fortuna; a un desconocido, indica traición; al marido o esposa, presagia pleitos; y si son los padres a los que abraza, tendrá paz y armonía en su hogar.

Abrigo.—Si encuentra o pierde un abrigo durante su sueño, indica la llegada de adversidades y miseria; pero si lo usa para protegerse de la lluvia, presagia que se verá obligado a guardar un gran secreto.

Abrir.—Cuando se abren ventanas o puertas durante un sueño, indica que se conseguirán bienes y que se tendrá fortuna; si lo que se abren en los sueños son cajas o muebles, se presagia riqueza.

Abstinencia.—Si en un sueño usted se ve obligado a abstenerse de algo, tendrá mucho éxito y prosperidad en un futuro inmediato.

Abuelos.—Si se sueña con ambos abuelos, indican peligro de muerte; pero si se sueña sólo con uno, se puede recibir una herencia o dinero inesperadamente.

Abundancia.—Tenerla en general, indica que logrará obtener el éxito anhelado en sus planes, teniendo que controlar el mal carácter y ser cuidadoso en lo que respecta a gastos, pues podrían llegar tiempos difíciles.

Acampar.—Presagia un cambio brusco en el curso de sus asuntos; es muy probable que tenga que prepararse para realizar un viaje.

Accidente.—Si se ve uno, debe evitarse a toda costa realizar un viaje, pues se está en peligro de perder la vida; también señala que la persona intenta evitar el tomar una decisión o tener responsabilidades mayores.

Aceitunas.—Si las ve, gozará de paz y de buenas amistades; si las come, recibirá agradables sorpresas y resultados ventajosos en sus negocios o trabajo.

Acera.—Si sube una, presagia un rápido ascenso en los negocios o aumento en sus ingresos; si baja de ella, indica peligro o fracaso en lo económico y en lo sentimental.

Acero.—Si intenta romperlo, el éxito esperado se encuentra muy cercano; si no puede doblarlo, es señal de que una desgracia sucederá en su familia o con amigos muy cercanos.

Acostarse.—Si se acuesta con personas del mismo sexo, indica contratiempos; con personas de diferente sexo, disgustos; con un hombre feo, presagia enfermedad; con una mujer fea, muerte; con una mujer muy guapa, seguramente lo traicionarán; hacerlo con la madre, le traerá mucha suerte; si lo hace con los hijos, habrá un escándalo en la oficina o en su propio hogar; si se junta con un prostituta, la fortuna aparecerá pronto en su vida.

Actor.—Si sueña serlo, se verá inmiscuido en chismes; si se sueña con alguno famoso, tendrá un fugaz amorío; si se ve en escena, un amigo muy cercano lo traicionará.

Actriz.—Si se ve hablando con ella, denota vanidad; si la ve actuando, se pondrá en ridículo frente a personas importantes para usted en su trabajo; si intenta cortejarla, tendrá placeres fáciles.

Acusar.—Si lo acusa un hombre, tendrá éxito en sus

actividades; si lo hace una mujer, recibirá muy malas noticias. Si es acusado de robo, presagia enfermedades.

Adán (y Eva).—Si en sus sueños aparecen estos personajes, es señal de cautela, de un engaño o traición a punto de ser efectuados sobre su persona, no obstante, el éxito será su recompensa después de haber sufrido. Si se tiene este sueño varias veces, seguramente usted tendrá una larga vida y muchos hijos.

Adiós.—Decir o escuchar esta palabra al despedirse de alguien en un sueño, presagia malas noticias.

Adolescente.—Soñar con uno moreno, presagia contrariedad o engaño de la pareja; si se sueña a uno rubio, muy buena salud y prosperidad.

Adornos.—Si se sueña con ellos, denota inquietud; si se adorna algo o a alguien, significa un buen viaje; decorar la casa, denota insatisfacción en la vida y urgencia de cambios en ella.

Aduana.—Si la ve, enfrentará rivalidades en el trabajo; si se está en una, recibirá una propuesta de trabajo que siempre le ha interesado, tómela de inmediato.

Adulterio.—Este sueño es muy malo, pues presagia aflicciones, riñas y terribles males para usted y su familia.

Adversario.—Si se ve peleando contra un adversario en sus sueño, seguramente verá en peligro sus intereses; si logra vencerlo, escapará de los efectos de un desastre que se aproxima.

Aeroplano.—Este sueño es el fiel reflejo de su gran ambición; si vuela en él muy alto, tendrá éxito en todos sus planes; si vuela a baja altura, verá truncadas sus aspiraciones.

Afeitar.—Si sueña que se lo hacen, perderá bienes; si ve cómo rasuran a otra persona, presagia enfermedad; si le afeitan la cabeza, habrá una muerte deshonrosa cerca de usted.

Aflicción.—Verse en un sueño triste, presagia un desastre próximo; si el cónyuge es el afligido, se tendrá éxito próximo en sus actividades laborales.

Afrenta.—Hacerla a alguien, puede significar peligro para su persona; recibirla, es símbolo de próximas alegrías.

Ágata.—Si se ve una, seguramente verá lento progreso en los negocios, pero muy constante.

Agonía.—Verse agonizando en un sueño presagia una larga vida y mucha salud; si se ve extinguirse a una mujer, presagia pérdida de sucesión; pero si es un desconocido el que sufre, se aproxima una desventura.

Agosto.—Soñar con este mes es excelente, pues tendrá enorme éxito en cualquier empresa que inicie, además de que recibirá dinero muy pronto.

Agotamiento.—Estar agotado durante un sueño, significa que participará en eventos sociales muy gratos; si son otras personas las cansadas, muy pronto resolverá ese misterio que tanto le preocupa; si su cónyuge es el débil, gozará de abundancia.

Agresión.—Ser agresor en cualquier sueño, manifiesta una futura riña; pero si el agredido es usted, pronto logrará una mayor intimidad con la persona querida.

Agricultor.—Si se ve como un agricultor en un sueño, pronto tendrá un enorme repunte en lo que se refiere a sus finanzas.

Agua.—El agua en los sueños puede tener muy diversos mensajes para el "soñante"; por ejemplo, si cae en ella, un gran peligro lo amenaza; si la bebe, gozará de enorme salud; si la ve corriendo, seguramente será engañado por alguien muy cercano a usted; si la ve estancada, padecerá una grave enfermedad; si el agua esta limpia y clara, buenos augurios para su vida; si está turbia y sucia, perderá un amigo muy cercano o a un pariente muy querido; si la ve caer en forma de cascada, prosperidad en los negocios y en el hogar; si se baña con agua caliente, sabrá de la muerte de alguien cercano; si la ve en inundaciones, presenciará graves accidentes; si se ve jugando con ella, resurgirá una vieja relación amorosa; si lo mojan con ella, su amor es correspondido.

Aguamarina.—Si usted tiene una durante un sueño, hará una enorme amistad con una persona muy joven; si la compra, tendrá enorme felicidad por algún tiempo.

Águila.—Verla volando, es augurio de prosperidad en la vida y de mucha libertad; si está quieta o inmóvil, sus negocios marcharán de manera lenta; si está herida, tendrá pérdida de dinero; apreciarla muerta, significa la ruina si usted tiene mucho dinero, pero si carece de él, tendrá muy pronto fortuna; si el animal vuela sobre usted, presagia honores y gloria.

Agujas.—Si en sus sueños ve agujas de coser, tendrá enormes disgustos y riñas familiares; si se pincha con ella, será objeto de calumnias y chismes.

Ahogarse.—Soñar que se ahoga, presagia la pérdida de una propiedad muy valiosa o de un accidente que pone en juego su vida; si es otra la persona que se asfixia, sus enemigos aprovecharán su mala racha para tratar de destruirlo a toda costa; si se ve a un desconocido hacerlo, tendrá triunfos y alegrías en los negocios y la familia.

Ahorcamiento.—Ver a un ahorcado en los sueños, indica la posibilidad de perder bienes en un pleito legal; si se ve a una multitud durante el ahorcamiento de otra persona, presagia peligro para usted por parte de sus enemigos en el trabajo; si usted es la víctima, pronto recibirá riquezas, admiración y respeto.

Aire.—Si el aire que aparece en sus sueños es huracanado, seguramente habrá tristezas y enfermedades muy próximas; pero si es suave y limpio, habrá fortuna para usted.

Ajedrez.—Es un mal sueño, ya que pronto habrá desdichas, problemas, disputas o engaños; si usted es el vencedor en la partida, obtendrá un éxito pasajero en algún problema.

Ajo.—Cuando se ven ajos en un sueño, es que seguramente pronto se enterará de algún secreto muy importante; pero si los come en sus sueños, presagian buena salud para usted.

Alameda.—El verse caminando por una alameda, presagia un desahogo económico muy pronto, además de salud y bienestar para usted y los suyos.

Alas.—El tener alas, manifiesta serios temores por la seguridad y bienestar de algún ser querido que ha emprendido un viaje lejano o que vive apartado de usted; si las ve, vencerá las influencias adversas que le habían impedido elevarse económica y socialmente.

Albañil.—Si usted es el albañil, tendrá un trabajo prove-choso rodeado de un agradable ambiente laboral; si éste está trabajando, tendrá enormes avances en sus negocios; si lo ve a lo lejos, anuncia la muerte de un familiar y una próxima herencia.

Alcoba.—Estar en una solo, significa un enorme sosiego; si se está en compañía de una persona del mismo sexo, tran-quilidad y avenencia; si es una persona del sexo opuesto la que se encuentra con usted, habrá dificultades o se des-cubrirán sus secretos más íntimos.

Alcohol.—Tomarlo con moderación es buena señal, ya que manifiesta éxito social y en los negocios; si se embo-rracha con él, manifiesta la necesidad de llamar la atención; si ve a un borracho, indica la subestimación que usted siente por alguien que está muy cerca; si es una mujer que está pasada de copas, su sueño manifiesta que usted tiene deseos reprimidos.

Alegría.—Estar alegre durante un sueño, presagia que una mala noticia pronto será recibida.

Alfombra.—Si se ven alfombras durante un sueño, pre-sagia muchas ganancias o que amigos con buena posición económica le ayudarán en sus problemas monetarios; si usted camina sobre una, tendrá bienestar; si la sacude o limpia, su suerte cambiará próximamente.

Algodón.—Es un excelente sueño, ya que indica futuras alegrías y que sus necesidades serán totalmente cubiertas.

Alhajas.—Soñar con comprarlas, presagian ruina; tenerlas, miseria; perderlas significan fracaso; si son falsas, sufrirá de engaños; si las vende, tendrá prosperidad.

Alimentos.—Tomar los alimentos durante un sueño, significan enfermedad; si los sirve a otros, gran felicidad y futuro matrimonio; si los prepara, seguramente tendrá gran descendencia.

Almendras.—Verlas, indican riqueza en su futuro; comprarlas, significan que disfrutará de la prosperidad de otra persona; si las come, denota erotismo en su sueño, manifestando también la satisfacción en sus relaciones sexuales con su actual pareja.

Almohada.—Si las ve en sus sueños, gozará de comodidades y riquezas en su vida; si hace una, posiblemente contraerá nupcias en un corto tiempo.

Altar.—Construir un altar durante el sueño, significa que un pariente se ordenará como sacerdote; si solamente lo ve, tendrá alegrías y mucha tranquilidad en su vida; si lo tira, desventura y melancolía.

Amante.—En general es un mal sueño; si un hombre sueña con una amante, sufrirá de males físicos y morales;

si es una mujer la que sueña con uno, perderá fortuna y familia.

Amarillo.—Soñar con ropa u objetos de este color, presagia tristeza, problemas y amargura en la vida. Tendrá muchos desengaños e infidelidades de un ser querido.

Ámbar.—Tener algo hecho con ámbar, indica prosperidad y riqueza; si en su sueño aparece algo de este color, indica que debe tener cuidado de no ofender a alguien en su orgullo, pues le acarreará enormes problemas.

Amigos.—Si habla con alguno, tendrá un rompimiento pronto; si discute con amistades, tendrá mala fortuna; si les confía sus secretos durante el sueño, aparecerá una enemistad temporal o serios problemas.

Amor.—Si durante el sueño su amor es correspondido, espere grandes sufrimientos en su futuro; pero si es rechazado, logrará éxito en cualquier empresa que emprenda además de gran fortuna.

Anciano.—Hablar durante el sueño con un anciano(a), significa que vencerá a sus enemigos; si solamente lo ve, tendrá alegrías y mucha abundancia durante los próximos meses.

Ángel.—Un cambio radical en la vida del que sueña, lleno de esperanza y tranquilidad; recibirá buenas noticias de una persona que ha estado ausente durante mucho tiempo; repentinamente, encontrará un objeto o papeles que andaba buscando desde hace tiempo.

Anillo.—Soñar que lo lleva puesto, indica que tendrá éxito en cualquier negocio o trabajo nuevo que emprenda; si éste está roto, tendrá problemas en su matrimonio; si usted acepta un anillo que le es regalado, presagia buenas amistades.

Animales.—Generalmente el soñar con animales, y sobre todo alimentarlos, presagia prosperidad y abundancia; si se les habla o se les mata, indican futuras penas o pleitos con amigos y familiares.

Anteojos.—Si en sus sueños ve o usa anteojos, tendrá que asociarse con personas que nos son de su agrado, cosa que le causará aflicción. No obstante, si quiere salir airoso de esta situación, tendrá que actuar con enorme diplomacia.

Antepasados.—Cuando habla con ellos durante el sueño, presagia pleitos familiares; si sólo los ve amables y sonrientes, es un buen augurio para usted.

Antorcha.—Encendida, presagia triunfo en el trabajo y hogar; apagada, fracaso; si se encuentra en manos de otro, tendrá malos ratos y secretos íntimos que se descubrirán.

Apartamento.—Si ve uno, significa que su sueño tiene implicaciones sexuales; si el apartamento es grande, cómodo y limpio, tendrá éxito en sus relaciones con personas del sexo opuesto; si ve que éste es de otra persona, tendrá problemas, trate de evitarlos.

Aplauso.—Escuchar que le aplauden augura humillaciones y fracasos en su vida profesional y sentimental; si usted aplaude, surgirán algunos contratiempos y pequeños problemas, de los cuales saldrá con la ayuda y el respeto de sus amigos y familiares.

Araña.—Si usted ve una sola araña, tendrá ganancias en sus negocios; si son varias las que observa, será objeto de una traición; si las mata, sus amistades le causarán un disgusto; si lo pican, se verá en serios apuros.

Árbol.—Si está en un árbol, sentirá la necesidad de confiar sus secretos a un amigo o a un familiar muy cercano; si lo corta o lo ve cortado, sufrirá de enfermedades y problemas; si lo ve frondoso y con frutos, sus penas terminarán y tendrá mucha esperanza en el futuro; si cae de uno, tendrá unos días de soledad; ver una avenida llena de árboles, presagia una felicidad prolongada.

Arco Iris.—Si usted ve un arco iris, estará en medio de acontecimientos insólitos; todos sus asuntos tendrán un carácter promisorio, optimista y lleno de esperanza; en general, término de penas y sufrimientos.

Arena.—Soñar con arena es malo, y debe rechazar cualquier negocio o empresa que le propongan, pues ésta lo llevará a la ruina económica.

Aretes.—Ver sus propios aretes, presagia muy buenas noticias, también la propuesta para un buen trabajo; si los pierde, pasará momentos amargos; si los usa de otra persona, manifiesta que encontrará una amistad muy buena y sólida; si se los regalan, busque a toda costa evitar confrontaciones con sus enemigos en el trabajo durante unas semanas.

Armas.—Tener una arma entre sus manos, augura éxito; verlas, esperanza en el futuro; herir con ellas, presagia un desengaño muy doloroso; ver personas armadas, pronto desaparecerán todos sus problemas.

Arroyo.—Ver uno de agua transparente, indica que tendrá un empleo honroso y muy lucrativo; si el líquido es turbio, será objeto de una venganza y graves problemas; si el arroyo aparece seco, la miseria y tristeza aparecerán en su vida.

Arroz.—Verlo, significa que estará rodeado de amigos y con mucha prosperidad; comerlo, denota enorme felicidad, armonía, abundancia y comodidad en el hogar.

Arrugas.—Si en el sueño aparece con muchas arrugas, es muy probable que usted sufrirá de muchísimas penas y ansiedades.

Ascensor.—Subir en uno, significa escalar social y económicamente; bajar de uno, augura fracasos en los negocios; si está en éste con varias personas, evite enfrentarse con sus enemigos, pues es muy probable que pierda con ellos.

Asesino.—Este sueño denota falta de valor ante la vida y sus problemas; si usted sueña ser un asesino, procure tener una participación más activa y agresiva en la vida.

Asno.—Montar uno, puede significar un disgusto con un amigo(a) muy cercano; si lo ve correr, recibirá una mala noticia; si lo escucha rebuznar, tendrá desaires o puede ocurrir una desgracia en el hogar.

Ataúd.—Si ve uno, deberá tener mucho cuidado con su salud, pues es posible que caiga en cama; si es su propio ataúd, se le augura derrotas en los negocios y problemas familiares; ver un amigo en un ataúd es síntoma de contratiempos muy desagradables, los cuales deben de ser enfrentados lo antes posible.

Automóvil.—Estar involucrado en un accidente automovilístico, presagia momentos de crisis muy difíciles, de los cuales saldrá airoso con mucha paciencia; viajar en uno, indica que habrá mucho movimiento y cambios en su vida y su medio ambiente.

Aves.—Observar aves de bello plumaje presagian buena fortuna para el que lo sueña; si las aves son loros o pericos que parlotean, indican que hay tareas de enorme paciencia y dedicación por hacer.

Avispas.—Por lo general anuncian pesares o enemigos ocultos; si es picado por ellas, atravesará una mala racha; si las mata, obtendrá pronta felicidad.

Azúcar.—Si ve ésta en sus sueños, estará muy susceptible y quisquilloso, y difícilmente algo le complacerá; celará en demasía su pareja, lo cual le traerá problemas; si la come, pronto tendrá que hacerle frente a una situación desagradable pero que, a la larga, saldrá con éxito de ella.

Azul.—Soñar que se hace de objetos o ropa de este color, denotan una mente muy activa y ágil; ver objetos de este color, indican muy buenos augurios.

— B —

Bahía.—Este sueño presagia viajes al extranjero y denota un gran éxito en lo social.

Baile.—Si sueña estar bailando, seguramente tendrá un gran disgusto; si la que lo hace es otra persona, se presagia ganancia, herencia de dinero o una sorpresa agradable.

Balcón.—Verse en un balcón puede ser una señal de peligro y pérdida de dinero; verlo desde la calle, manifiesta salud y buenas noticias.

Ballena.—Si la observa nadando en el océano plácidamente, significa un peligro inminente; si es perseguido por ella, sus negocios saldrán tal y como lo desea.

Banco.—Si sueña que está en un banco, sus socios le harán falsas y engañosas promesas; si usted es el dueño de éste, vivirá situaciones muy embarazosas y burla de sus amistades.

Bandera.—Observar banderas en los sueños, sugiere éxito, triunfo, honores y felicidad; si la ve en un desfile, es indicio de honor, lealtad y prosperidad.

Bandido.—Ser un bandido en un sueño, le traerá mucha prosperidad; pero si es atacado por uno, deberá tener mucho cuidado con los accidentes.

Banquete.—Si va a uno, seguramente perderá a una gran amistad; si sólo lo observa, tendrá un importante intercambio de ideas con amigos que le harán grandes favores.

Bañarse.—Soñar que usted toma un baño, manifiesta el deseo de limpiar su cuerpo con respecto a elementos negativos en su vida; si éste es con agua caliente, el ser amado puede separase de usted; si el agua esta fría, surgirá un enor-me disgusto con una persona muy importante y además influyente; si se baña en el mar, seguramente recibirá una gran fortuna; y si lo hace en un río, se llevará a cabo un exce-lente negocio.

Baño.—Cuando en su sueño usted se ve en él, sufrirá una infidelidad amorosa; si se desnuda sin meterse, obtendrá un. placer engañador.

Baraja.—Verse jugando con una en algún sueño, indica que pronto realizará un viaje al extranjero, el cual lo hará muy afortunado; si ve jugando baraja a otras personas tendrá riñas y disgustos graves con amigos.

Barbas.—El soñar con barbas tiene muy diversos signifi-cados; por ejemplo, si una joven sueña que tiene barba, ten-drá un feliz matrimonio y muchos hijos; si la dama es casada y esta esperando un bebé será niño; si se ve una barba larga, se ganará un pleito; si es corta, augura luto seguido de una. boda; soñar con un barbero, traerá chismes y envidias a su vida.

Barco.—Verlo partir, manifiesta ilusiones desvanecidas; estar a bordo de él, presagia honores y un ascenso en el traba-jo; hacer un viaje nocturno en barco, puede ser una amenaza de peligro de muerte; los presos que sueñan con un barco, pronto serán libres.

Barrer.—Cuando usted barra la calle de su casa en un sueño, esto le traerá salud; barrer el piso de su hogar, manifiesta el éxito en los negocios; cuando barra una bodega, vendrán desgracias y aflicciones.

Bastón.—Soñar con uno, generalmente es un mal augurio; por ejemplo, apoyarse en él es síntoma de enfermedad; si usted es golpeado por éste perderá mucho dinero; pero si lo compra, evitará un peligro mayor.

Basura.—Soñar con mucha basura, le traerá deshonra y humillaciones; incluso puede terminar una relación con la persona que ama.

Batalla.—Verla, podría significar su participación en una empresa peligrosa; si está solo en la batalla, sus asuntos mejorarán enormemente; perderla, denota malos negocios y pérdidas; si la gana, prosperidad en el sector financiero.

Bazar.—Estar en medio de mucha gente en un bazar, es síntoma inequívoco de buena suerte en los amores; verlo a lo lejos le augura mucha suerte y prosperidad.

Bebé.—Soñar con uno que provoque ternura, representa la lealtad y buena comunicación en su vida conyugal; si éste llora, entrará en un estado de salud deficiente y sufrirá desengaños; cuando el bebé muere, se trata de una relación o un proyecto de fracaso al comenzar.

Beber.—Tomar agua fresca sugiere riquezas; si la toma caliente, seguramente caerá enfermo; beber vino es síntoma de buena salud; cuando hay bebedores en torno a una mesa sus ganancias monetarias se verán acrecentadas.

Besar.—Besar a una persona muerta, indica peligro a causa de ladrones; hacerlo en las manos de una mujer le traerán gran fortuna en su destino; cuando besa a su madre tendrá empresas prósperas; dárselo a su hermano o hermana le harán disfrutar mucho de sus relaciones; soñar con un simple beso anuncia una traición.

Biblioteca.—Verla, es síntoma de insatisfacción y descontento con su medio ambiente y relaciones; si usted está en ella, seguramente desilusionará a sus amigos por su comportamiento.

Bicicleta.—Si se ve viajando en bicicleta, tendrá muy buena suerte; si es otra persona la que lo hace, desconfíe de sus amistades, pues intentarán hacerle mal.

Bigotes.—Si se ve con bigotes en algún sueño, según su extensión aumentará su fortuna; si es negro, disgustos y privaciones; rubios, deshonra; blancos, preocupaciones; si los corta o arranca, seguramente perderá bienes.

Billar.—Si ve uno en su sueño, emprenderá un negocio arriesgado; si juega al billar tendrá problemas con personas, chismes y conflictos legales.

Billete.—Cuando sueñe con un billete, evite gastar inapropiadamente su dinero, pues es difícil que lo vuelva a recuperar por algún tiempo.

Boca.—Si se sueña con una boca muy grande, pronto tendrá riquezas; y si es pequeña pasara por un período de pobreza y necesidades.

Boda.—Asistir a una boda en un sueño, presagia la muerte de un conocido; si usted es el que contrae nupcias, tendrá serios disgustos.

Bolsa.—Si usted ve una bolsa llena, sufrirá de tormentos y egoísmo; verla vacía, simboliza abundancia y generosidad.

Bosque.—Si usted admira un bello bosque, tendrá un misterioso amor; si se pierde en él, extraviará un objeto valioso; si esta solo en un bosque, experimentará una gran paz y serenidad.

Botas.—Ver un par de botas nuevas, presagia gran éxito en las empresas y gran confianza de sus subordinados; ver botas viejas y rotas, indican que caerá enfermo por un largo tiempo.

Botella.—Si la botella está llena de cualquier líquido, experimentará grandes alegrías; si está vacía, sufrirá desengaños amorosos.

Botones.—Si ve muchos de ellos, vivirá situaciones emocionales que no podrá resolver; si se le cae uno de su prenda de vestir, seguramente tiene una enemistad secreta.

Boxeo.—Presenciar una pelea, indica que tendrá sorpresas muy pronto; si usted participa en ella, perderá a un gran amigo(a).

Brazalete.—Ver uno de oro, indica mucha alegría; recibirlo como regalo, vaticina un feliz matrimonio y excelentes relaciones con sus amistades y parientes; encontrarlo, presagia la compra de una propiedad en poco tiempo.

Brazo.—Ver los propios, simbolizan la victoria sobre sus enemigos; tenerlos grandes, anuncian una alegría próxima; tenerlos pequeños, auguran mucho dinero; la amputación de un brazo, anuncia el fallecimiento de un familiar.

Bruja.—Soñar con una bruja es síntoma de engaños perjudiciales; si la bruja le habla, sufrirá una traición por parte de un amigo.

Búho.—Vaticina la aparición astral de una persona muerta; también simboliza gran sabiduría y noble alma.

Burbujas.—Verlas, indica que logrará evitar un inminente peligro; también anuncia la presencia de una persona que lo ayudará a salir de una crisis muy seria.

Burdel.—Indica que hará dinero fácilmente, siempre y cuando no se vea involucrado en un negocio turbio.

— C —

Caballería.—Si se ve una, augura gran progreso en lo personal y distinción; si usted pertenece a la caballería, su sueño le está indicando de una próxima boda.

Caballo.—Cuando se sueña montar un caballo, es una señal muy favorable, pues manifiesta que se tiene mucha energía y entusiasmo para enfrentar cualquier dificultad; si el animal es blanco o de colores claros, simboliza prosperidad; si es negro, puede traerle gran fortuna o una esposa rica y bella; si se le compra, tendrá problemas en el hogar; si ve a varios de ellos corriendo, pronto recibirá agradables sorpresas y dinero; si el corcel se desboca, podrá verse perjudicado por un subordinado o amigo en su trabajo; si el animal está herido, sus amigos se verán en dificultades; si cae de éste, sus proyectos y empresas difícilmente llegarán a feliz término.

Cabaña.—Verla, manifiesta un éxito inesperado; estar en ella, caerá enfermo y pasará por una mala racha.

Cabello.—Cuando una mujer sueña con cabellos en general es muy bueno, ya que les augura una vida cómoda y segura; para los caballeros, pronostica trabajo fácil, pero sin tantas alegrías; si los cabellos son cortos y crespos, puede haber un infortunio en su vida; si son muy largos y negros, puede haber traiciones o infidelidades por parte de su pareja; si son dorados o rojizos, puede haber perfidia y mucha coquetería; si son escasos denotan calvicie, habrá mucho dinero y gran salud para usted; si el pelo es lacio, encontrará nuevas y muy buenas amistades; si se ve cortándose los cabellos, tendrá pérdidas muy importantes.

Cabeza.—Si en su sueño ve la propia, tendrá la oportunidad de hacer un gran negocio que le permitirá amasar una gran fortuna; si ve otra perfectamente formada, no tome decisiones precipitadas, ni participe en negocios riesgosos, pues puede perder todo; si se sueña con un par de cabezas, tendrá un rápido y estupendo ascenso en su trabajo y en lo económico; si se ven muchas durante el sueño, habrá futuros problemas; cuando se ve una enorme cabeza, manifiesta que las transacciones serán fructíferas para usted; si ésta es muy pequeña, es señal de que debe cuidarse de sus enemigos, más sin embargo, tendrá enorme éxito en sus relaciones amorosas.

Cabra.—Si usted ve una o varias cabras de color blanco en sus sueño, obtendrá enormes ganancias en sus negocios; si son negras, se aproximan grandes desgracias, así que hay que ser muy precavido; si el animal es rojizo, vivirá muy inquieto por un tiempo.

Cachorro.—Esta sueño indica que hará nuevos amigos y que su economía crecerá.

Cadáver.—Ver uno en sus sueño, son pésimas noticias, pues sus negocios no funcionarán y alguna desgracia se aproxima; si durante el sueño lo entierra, pronto cesarán sus problemas; hablar con uno, indica que pronto una persona le hará enormes revelaciones; si lo llega a besar, se le vaticina larga vida; si usted es el cadáver, tendrá ciertas inquietudes, pero logrará tener una gran fortuna.

Cadenas.—Soñar con cadenas le pronostica que pronto se liberará de un negocio o relación personal que le desagrada; si usted está encadenado, manifiesta melancolía y tristeza; si ve a personas conocidas encadenadas, esas personas tendrán mala suerte; liberarse de ellas, presagia estar libre de cualquier compromiso adquirido.

Caer.—Si usted se ve cayendo de una gran altura, tendrá infortunios y deshonra; si cae al suelo, un peligro inminente se acerca; si cae de un puente, manifiesta la locura o problemas mentales; caer al agua, pronostica peligro de muerte; si ve a otros cayendo, pronto ascenderá en su trabajo; si la caída es prolongada, seguramente sufrirá de persecuciones; si cae y se despierta sobresaltado, sufrirá de envidias y de pérdidas muy importantes; si cae en un precipicio (especialmente las mujeres), denota problemas morales.

Café.—Soñar con café, anuncia penas y problemas con las personas que le rodean; si lo bebe durante el sueño, presagia larga vida para usted; si lo ve en grano, malas noticias y presagios para los próximos días; si el café lo toma en su casa, pronto llegarán excelentes noticias y tranquilidad a su hogar.

Calabaza.—Cuando se sueña con una, puede significar que pronto se curará de alguna enfermedad, o de que las ilusiones que tiene serán vanas.

Calabozo.—Cuando se sueña con uno, presagia que tendrá una lucha por su patrimonio, del cual saldrá adelante gracias a su prudencia; estar en uno, manifiesta la alegría en el hogar; ver a otros en uno, augura la presencia de muchos enemigos de los cuales debe cuidarse muy bien para no verse afectado.

Calavera.—En general es un mal sueño, pues si se le ve inmóvil, no se podrán llevar a cabo los proyectos y planes deseados; si se le ve en movimiento, debe de guardar sus planes y no mostrarlos o decirlos a nadie. Desconfíe en cualquier negocio que le propongan.

Calle.—Si se ve caminando por una amplia, tendrá mucha seguridad para emprender cualquier actividad; si va por una angosta y obscura, caerá en peligro, tendrá mala suerte y muchas preocupaciones.

Callejón.—Estar en uno en su sueño, indica que nuestra vida no será tan placentera como antes; si éste no tiene salida, nos manifestará que la empresa que acabamos de iniciar es muy riesgosa, y que lo más indicado es salir de ella lo antes posible, para no tener que lamentarnos después con los resultados.

Calvicie.—Si se empieza a quedar calvo en un sueño, augura que se verá muy desmejorado a causa de una enfermedad; si está completamente calvo, saldrá bien de todos sus problemas, pero deberá cuidarse de sus debilidades amorosas; si una mujer es la que se está quedando calva, su vida sentimental atravesará por dificultades.

Cama.—Ver una gran cama blanca y limpia, indica que la felicidad y tranquilidad del "soñador" están próximas; cuando la tiende, manifiesta que pronto cambiará de residencia; si está en una ajena o de hotel, vaticina buena suerte y llegada de visitas inesperadas; cuando se ve descansando plácidamente en ésta, tendrá mucho amor y seguridad; si ve algún extraño en la suya, sufrirá una infidelidad; si está desordenada, pronto se sabrán sus secretos, lo cual le traerá grandes dificultades en su trabajo; cuando vea a unas personas mayores recostadas en cualquier cama, manifiesta que pronto habrá un fallecimiento cerca de usted.

Camello.—Ser dueño de un camello, indica que pronto entrará a un negocio que le proporcionará enormes ganancias, un hallazgo importante o que recibirá una herencia cuantiosa; si lo ve sentado, será recompensado por su esfuerzo en el trabajo; si lo monta, verá que lo que a otros les cuesta mucho trabajo, para usted será muy fácil realizarlo.

Camino.—Este sueño generalmente tiene connotaciones religiosas; si el camino es ancho, la vida será placentera y sencilla de llevar; cuando es estrecho, será calumniado por personas cercanas a usted; cuando ve dos caminos y no sabe por cuál ir, el sueño manifiesta la posible equivocación al tomar una futura decisión.

Campana.—Si la escucha en su sueño, tendrá problemas y discusiones familiares; si son muchas las campanas las que suenan, pronto recibirá muy buenas noticias; si usted toca una campana, seguramente la infamia aparecerá en su camino.

Campo.—Cuando se ve un enorme campo verde, fresco y soleado, habrá grandes ganancias económicas y unas bellas vacaciones; si se le ve seco y devastado, habrá muchas penas y tristezas en nuestro futuro próximo; cuando se ve viviendo en éste, habrá dicha, un buen trabajo y felicidad a su alrededor; si pasea por uno con muchos árboles, pronto se realizará una boda.

Canario.—Verlo presagia un largo viaje; recibirlo como regalo, manifiesta que recibiremos una herencia; si usted es el que lo regala, pronto sufrirá un desengaño; si lo ve muerto, quizá lo traicione alguna amistad.

Cangrejo.—Si se sueña con estos animales, anuncia que se tendrán problemas con los negocios, los cuales serán solucionados mediante un gran esfuerzo; si se le ve caminando, aparecerá en su vida un nuevo amor; si está muerto o cocinado, sufrirá un desengaño amoroso; si lo come, vencerá a sus enemigos en el trabajo.

Cantina.—Soñar con una cantina, presagia acciones intrascendentes en su vida; si bebe solo en ésta, manifiesta peligro por parte de un amigo del cual debe cuidarse; cuando ve bebiendo a otros en una, revelan el gran cariño, amor y respeto que le tienen sus amigos.

Cañón.—Si ve un cañón, tendrá problemas con una persona que se acerca a su hogar; oírlo, presagia ruina y cobardía; si usted lo dispara, tendrá buenos resultados en un negocio muy peligroso.

Capa.—Llevar una capa puesta, presagia beneficios y excelentes perspectivas para usted.

Capilla.—Observar una capilla, manifiesta que tiene muy buenos amigos, no obstante de estar alejado de eventos sociales o fiestas; estar en una, indica que habrá desengaños y que cambiará de trabajo.

Capucha.—Soñar que lleva puesta una, manifiesta sus serias intenciones de relacionarse sentimentalmente con una persona seria, responsable y justa; si una mujer es la que la lleva, intentará por todos los medios alejar a un buen hombre del camino recto.

Cara.—Si sueña con el rostro de una persona joven sonriente, augura dicha en su vida; si la cara con la que soñamos es de una persona joven pero fea, nos anuncia la llegada de un nuevo amor; ver la de una persona vieja, nos predice malos augurios; observar a un desconocido con una muy espantosa, nos anuncia las desventuras y las malas amistades que se acercan; notar su cara en un espejo, manifiesta molestia en contra suya por no haber podido realizar sus planes o proyectos; si la lavamos durante el sueño, señala que estamos muy arrepentidos de algún mal comportamiento.

Caracol.—Ver uno o varios, simbolizan que pronto recibiremos una herencia; si está vivo y en movimiento, anuncia una llegada inesperada de una persona; si está muerto o inmóvil, seremos objeto de un gran regalo o recompensa.

Carbón.—Soñar con ello, nos manifiesta una mala racha económica; si el carbón arde, habrá armonía y felicidad en la familia; si lo compra, usted obtendrá enormes beneficios de un negocio.

Cárcel.—Si se ve a la persona amada en la cárcel, nos augura que pronto descubriremos que es una farsante que nos quiere engañar. (Véase Calabozo, Prisión. . .)

Carnaval.—Formar parte de uno, significa que pronto tendrá placeres y diversiones; si ve un carnaval con payasos y música, entrará en una mala racha y tendrá problemas en el hogar.

Carne.—Cuando sueña con carne, pronto se enterará de traiciones o se verá envuelto en un adulterio o infidelidad; si la come cruda, vaticina desaliento en sus actividades; el comerla cocinada, manifiesta que usted logrará llegar a las metas que se propuso.

Carpintero.—Si ve en sus sueños trabajar a un carpintero, tendrá un trabajo honesto que le hará ganar muy buen dinero; si usted es él, indica éxitos en asuntos financieros; si contrata a uno, recibirá muy buenas noticias.

Carreta.—Si va en ésta, recibirá malas noticias de amigos o familiares; si conduce una, tendrá buena suerte y éxito en los negocios; si la ve pasar frente a usted, es símbolo inequívoco de que es una persona honorable; si la ve cargada de heno, logrará realizar todos sus sueños.

Carretera.—Cuando ve una en un sueño, presagia enfermedad; viajar por una, simboliza viajes agradables y grandes aspiraciones.

Carruaje.—Verlo pasar, indica que hará algunas visitas próximamente; ir en uno, manifiesta enfermedades pasajeras; manejarlo, lo previene en contra de enfermedades.

Carta.—Recibir una anónima, presagia malos negocios y dificultades; si la ve rota, tendrá un alejamiento de un amigo o familiar; si mira cartas de juego, perderá mucho dinero; si las ve echar, emprenderá negocios peligrosos; si nota a un cartero, pronostica que recibirá una con excelentes noticias.

Casa.—Edificar una, indica cambios en su trabajo o negocios; si usted es el dueño, los cambios serán en su vida; si en sus sueños planea comprar una, tendrá una aventura amorosa muy intensa, pero pasajera; si la ve quemándose, caerá en la pobreza; si la ve caer o derrumbarse, pronto recibirá la noticia de una muerte de alguien cercano; si la compra, estará muy enfermo y en peligro de muerte.

Cascada.—Soñar con una cascada de agua limpia y fresca, presagia un matrimonio largo y feliz; si el agua está muy sucia, las alegrías futuras serán engañosas.

Castillo.—Verlo, presagia el inicio de una relación amorosa muy intensa y duradera; habitarlo, denota que tendrá una vida desahogada y tranquila; si se ve entrando en uno, seguramente está muy enamorado de su actual pareja.

Catedral.—Cuando ve una enorme con cúpulas inmensas, presagia que su ambición lo llevará al fracaso, pues intenta alcanzar lo inalcanzable.

Caverna.—Si usted se encuentra en una, manifiesta el orden en el cual vive; si es larga y obscura, habrá angustias y pobreza en su futuro.

Caza.—Si participa en una cacería, puede ser acusado de estafa o robo; si caza animales, se sobrepondrá a las adversidades con trabajo duro y honrado.

Ceguera.—Soñar que es ciego, le previene en contra de una futura traición; si se queda sin la vista durante el sueño, presagia pobreza y necesidades; si es guiado por una persona que no ve, tendrá aventuras muy extrañas y desconocidas por usted; si ve a un hombre ciego, tenga mucho cuidado en su trabajo o negocios, pues pueden surgir problemas.

Celos.—Si cela a su pareja durante el sueño, ésta le será infiel próximamente; si es a usted a quien celan, tendrá mucha dicha y prosperidad.

Cementerio.—Soñar que se está en un cementerio, es augurio de que se vencerán todos los obstáculos; si observa que éste es bello y muy cuidado, tendrá buenas noticias de un amigo o familiar que estaba muy enfermo o en estado de coma; verlo desde lejos, anuncia una pronta riqueza.

Cepillo.—Si ve un cepillo para el cabello, sufrirá en sus negocios por la mala administración de éstos; ver muchos cepillos, indican que usted realizará varios trabajos, casi todos muy placenteros; comprar uno, indica que pronto cambiará su mala suerte.

Cerca.—Subir a una, manifiestan que todos sus esfuerzos pronto se verán recompensados; si se cae de ésta, analice bien todos sus proyectos antes de tomar una decisión; saltar una, denota una falta de escrúpulos para llevar a buen fin una empresa; si ve a otros subirla, pronto se enterará de la muerte de un enemigo.

Cerdo.—Verlos, pronostican buena fortuna; si los cría, sufrirá de explotación por parte de sus superiores; si lo come, caerá enfermo; si lo compra o lo vende, la desgracia y la mala fortuna aparecerán en su vida.

Césped.—Observarlo verde y fresco, pronostica larga y saludable vida; caminar por pasto verde y seco a la vez, vaticina enfermedades y problemas en el negocio.

Ciego.—Si usted sueña que se queda ciego, perderá un hijo o cometerá un delito grave; si lo vemos pasar, habrá un crimen en los próximos días o un amigo nos traicionará.

Cielo.—Observar un cielo limpio y azul, presagia un enorme bienestar o un matrimonio feliz; si está nublado, habrá una muerte o problemas muy graves a nuestro alrededor; cuando el cielo es rojizo, aumentaremos enormemente nuestra fortuna; si el cielo está estrellado, nuestra situación cambiará radicalmente.

Cigarro.—Encenderlo, presagia pérdida de dinero; apagarlo, manifiesta una futura desgracia; fumarlo, triunfo sobre nuestros enemigos; tirarlo, obtención de riquezas.

Circo.—Cuando se sueña con un circo, seguramente se están añorando los años de nuestra infancia; si está en un circo rodeado por niños, pronto sucederá un acontecimiento muy importante.

Ciudad.—Si sueña con una ciudad que jamás ha visitado, seguramente cambiará de residencia, pero sufrirá mucho por esto; si habita en otra, de seguro tendrá una enorme fortuna; si atraviesa una, recibirá pronto malas noticias con respecto a un amigo.

Clavel.—Ver esta flor, indica el enorme carisma y aceptación que tiene entre sus allegados; si los ve blancos, todos sus proyectos triunfarán; si son rojos, tendrá enfrentamientos con amistades.

Cocina.—Si ve una, pronto tendrá grandes beneficios; si se preparan alimentos en ella, se le encargará una misión muy agradable y de excelentes beneficios para usted; ver a otra persona cocinando, podría tratarse de un nuevo amigo(a) que le ayudará mucho en el futuro —intente ver de quién se trata—; si ve a un cocinero, se aproxima una boda.

Coco.—Soñar con cocos, es síntoma de fracasos en sus negocios, debido a sus falsos amigos o enemigos que actúan en su contra.

Cocodrilo.—Este sueño le advierte de falsos amigos y de una caída dolorosa en su trabajo o negocios.

Cohete.—Si observa el lanzamiento de un cohete, seguramente obtendrá éxito en sus empresas y en el amor.

Cojear.—Si se sueña cojeando, una ligera inquietud interrumpirá su felicidad; si ve a otros cojear, seguramente un amigo le ofenderá.

Colchón.—Verlo, pronostica nuevas responsabilidades y actividades; dormir en uno nuevo, es síntoma de que está cómodo con sus actividades actuales.

Colegio.—Estar en uno, significa que pronto algún conocido le dará una lección que difícilmente olvidará; acompañar a unos niños al colegio, anuncia que pronto encontrará un excelente empleo; regresar al colegio del cuál se graduó, augura una recompensa por un trabajo bien realizado.

Collar.—Llevar puesto uno, manifiesta que recibirá honores no merecidos del todo; si una mujer lo recibe como regalo, se le augura felicidad conyugal; si la mujer lo pierde, estará sola y desamparada.

Combate.—Observar uno, advierte de agresiones y humillaciones; salir ganador de uno, indicará que el amor y la felicidad estarán de su lado; si el resultado es incierto, seguramente intentará enamorar a una persona que no le corresponde, o que no le irá bien en los negocios.

Comedia.—Verla en escena, indica que sus negocios producirán enormes beneficios; si usted es actor en una, recibirá malas noticias pronto; ver a un actor o actriz, indican el buen manejo de negocios o que pronto se enterará de la vida íntima de una persona cercana.

Comer.—Hacerlo solo, denota avaricia y un posible engaño; si lo hace en compañía de un(a) amigo(a), manifiesta que es usted muy compartido con los que le rodean; si come en el suelo, se le advierte de un posible robo; si lo hace con las manos, tendrá serios peligros en un futuro no muy lejano; si ve a otras personas haciéndolo, pronto recibirá la noticia de que un enemigo suyo perdió la vida; comer alimentos muy salados, le indica que se verá inmiscuido en chismes y disgustos.

Concierto.—Asistir a un concierto, representa que sus negocios marcharán sobre ruedas; si usted es el ejecutante de un instrumento durante el concierto, tendrá enormes alegrías en un futuro próximo.

Conchas.—Soñar con conchas marinas o de ostras, manifiestan su intención de apoderarse de una fortuna que no le pertenece, por esto, fracasará; si camina por la arena y las va recogiendo, manifiesta que es usted una persona extravagante.

Conejo.—Soñar con estos animales es síntoma inequívoco de fertilidad; si son blancos, manifiestan la fidelidad de su cónyuge; si lo come, tendrá buena salud y enorme felicidad; si lo mata, sufrirá penas y engaños.

Convento.—El soñar con un convento es muy bueno, pues nos augura felicidad, paz y tranquilidad; es el momento adecuado de ofrecer o tomar la hospitalidad de alguien.

Corazón.—Ver un corazón humano, manifiesta una grave dolencia que restará energías del "soñador"; si se observa el de un animal, podrá vencer a los rivales en sus empresas, obteniendo el respeto de los demás; si le duele, sus negocios no marcharán bien y se le pronostica una enfermedad seria.

Cordero.—Si se ve matando un cordero, tendrá problemas y amenazas graves en un futuro; si lo come, experimentará una felicidad ilusoria y pasajera; si lo acaricia, sabrá de la infidelidad de un buen amigo.

Corona.—Si ve una colocada sobre su cabeza, tendrá el éxito que tanto ha esperado; si ve una de flores, obtendrá triunfo y felicidad inmediata; si la corona es de oro o plata, tendrá una excelente relación con gente influyente que le ayudará en sus empresas; si ésta está hecha de huesos, su vida correrá peligro.

Correr.—Si sueña que está corriendo, llegará a tener una posición económicamente holgada; si lo intenta, pero no puede levantar los pies, difícilmente logrará cumplir sus metas, pues está en desventaja con respecto a los demás; ir persiguiendo a alguien, manifiesta que conseguirá una importante victoria que tendrá enorme influencia en su futuro; hacerlo en compañía de otros, indica que tendrá una reunión con amigos y que sus negocios irán viento en popa.

Cosecha.—Soñar con época de cosecha, le pronostican éxitos y prosperidad en sus inversiones; si los frutos son abundantes en su cosecha, gozará de tranquilidad en su hogar y ciudad.

Cráneo.—Cuando sueña con el cráneo de algún ser humano, se presentará en su vida un hombre bien intencionado pero torpe, el cual, le causará mal.

Crimen.—Soñar que comete un crimen, le presagia un gran infortunio, o la posibilidad de estar inmiscuido en un negocio deshonesto.

Crucifijo.—Soñar con crucifijos, le pronostica pleitos y problemas con personas cercanas a usted; si lo lleva colgado al cuello, la felicidad pronto llegará a su puerta; si usted reza frente a uno, pronto recibirá recompensa y altos honores debido a su trabajo.

Cruz.—Ver una en sus sueños, simboliza triunfo y salvación; si la lleva a algún lugar, pasará una enorme aflicción; si se ve la cruz sobre una tumba, necesitará la ayuda de un amigo.

Cuadros.—Soñar con pinturas, manifiesta incomprensión y mala voluntad de sus allegados hacia usted; comprarlos o pintarlos, desgracia en amores o ingratitud; si los destruye, pronto recibirá el perdón de aquellos a quienes hizo mucho daño.

Cuchillo.—Si es herido con uno, tenga cuidado, pues participará en un pleito y seguramente saldrá herido; si utiliza uno, se le auguran placeres y dicha.

Cuerda.—Ver una cuerda en sus sueño, es símbolo de que pronto recibirá una herencia, pero que pasará por algunas dificultades.

Cuernos.—Si en algún sueño se ve con cuernos en la cabeza, sugiere infortunio y muerte; si los ve en alguien más, puede caer en un gran peligro.

Cuervo.—Este animal, generalmente presagia muerte e infortunio; si se les ve muertos, es un signo favorable; si los espanta, significan buenos negocios.

Culebra.—Si ve alguna en un sueño, un amigo cercano está por traicionarle; si la ve enroscada, recibirá malas noticias o caerá enfermo; si la matamos, obtendremos el éxito deseado.

Cuna.—Ver una, significa felicidad en nuestro hogar; cuando aparece ocupada por un niño, presagia la visita de la cigüeña.

Cura.—Si usted es curado en un sueño, tendrá fortuna; si la hace, sentirá el afecto de quienes le rodean; si ve a un cura celebrando o predicando, se sentirá consolado y salvado de los males que le han aquejado durante los últimos días.

— CH —

Chimenea.—Si ve una chimenea, se verá inmiscuido en una penosa situación o enfermedad; si la ve encendida, tendrá dicha pasajera; si sube por el cañón de ésta, obtendrá suerte en sus empresas.

Chino.—Verlos en gran cantidad durante un sueño, le pronostican un largo viaje; si son varios los que le rodean, difícilmente logrará cumplir con sus objetivos; si lo reciben en una casa unos chinos, tendrá mucha seguridad en cualquier actividad.

Chocolate.—Comerlo o hervirlo, le dará mucha salud y satisfacciones; si al probarlo tiene un sabor amargo, caerá enfermo en los siguientes días; si lo come en polvo, seguramente pronto recibirá un gran regalo o sorpresas muy gratas.

Choza.—Soñar que habita una muy pequeña, pronostica que pronto pasará la mala racha en la que ha caído; si los que la habitan son otras personas, recibirá noticias muy buenas; si la ve vacía, tendrá muchos problemas que tardarán en solucionarse.

— D —

Dádivas.—Cuando se ve dando dádivas en un sueño, se trata de un síntoma de ingratitud que ha realizado o está por realizar; si las recibe de una persona rica, su fortuna cambiará en los próximos días; si las recibe de un hombre, algún amigo o familiar le dará un importante consejo; si las recibe de una mujer, pronto conocerá a alguien que llegará a ser un gran amigo; si las recibe de un(a) joven, tendrá penas y desgracias.

Dados.—Verlos durante un sueño, presagia la pérdida de una suma importante de dinero; si juega con ellos, su suerte cambiará drásticamente en los próximos días; si otros son los que juegan, ponga especial atención en sus negocio o transacciones.

Daga.—Ver una en un sueño, pronostica noticias de una persona que vive muy lejos de usted; si se ven varias, su futuro le depara una mejor posición económica y social; si ataca con una daga, sus planes llegarán a feliz término sin el menor contratiempo; si es herido con una, alguien más recibirá lo que usted creía haber ganado.

Dama.—Si la ve vestida lujosamente, tendrá ilusiones engañosas en un futuro; si está sola en un automóvil, sus esperanzas en el futuro serán vanas; si hay varias en una reunión, sea discreto, pues habrá muchas murmuraciones y chismes; si ve a personas jugando "damas", tendrá penalidades; si usted juega y gana, tendrá mucha suerte en lo que se proponga.

Danza.—Cuando usted sueña que está bailando, seguramente recibirá un regalo o una sorpresa muy agradable; si son niños los que ve danzando, se le vaticina muy buena fortuna en lo futuro; si son personas mayores las que lo hacen, su futuro en los negocios será muy brillante y próspero.

Dedal.—Usar uno, denotan la responsabilidad que tiene de mantener a varias personas; perderlo, significa que tendrá muchos problemas económicos; si compra uno o se lo regalan, conocerá nuevas personas que le ayudarán; si sólo lo ve, podría perder el trabajo o caer enfermo.

Dedos.—Verlos quemados, indican envidias o calumnias; si se los corta, seguramente perderá alguna amistad valiosa; si los ve heridos, sangrantes o sucios, tendrá muchos problemas en sus actividades futuras; si tiene más de cinco, su vida estará llena de amor y de alegrías; si los ve con anillos, una boda está muy cercana.

Delantal.—Observar uno, los planes que ha trazado no son los más convenientes para usted; si lo utiliza, la relación sentimental que lleva, será larga y muy provechosa; si se lo quita, perderá un familiar o amigo muy cercano.

Delfín.—Cuando tiene un trabajo arriesgado o peligroso, este animal le advierte de un peligro inminente.

Delincuente.—Si lo ve, se verá involucrado en situaciones peligrosas ocasionadas por otros; si observa cómo lo detiene la policía, está cercana una desgracia familiar; si usted es el delincuente, el ambiente en su hogar estará muy tenso por unos días.

Delito.—Ser atrapado cometiendo un delito, indica que se verá expuesto a diversas tentaciones en el futuro; si ve a otros cometiéndolo, cuidado con quien habla, pues está en peligro de que se descubran ciertos secretos suyos que le pueden ocasionar problemas en su futuro.

Dentadura (Dientes).—Ver sus dientes, es símbolo de que padecerá enfermedades contagiosas; si observa que se le caen, tendrá una mala racha en lo económico o alguna enfermedad; si se los arranca, se verá obligado a tomar una decisión drástica que lo marcará para toda su vida; si se los lava, tendrá que hacer un esfuerzo sobrehumano para poder salvar su negocio, trabajo o modo de sustento; si pierde un diente, tendrá problemas con una relación amorosa o amistosa por estar demasiado desgastada y lastimada; si se ve con dentadura postiza, se le presagia falsedad por parte de personas que le rodean.

Dentista.—Cuando sueñe que un dentista lo atiende, se le vaticinan muchas dudas sobre la lealtad de un amigo; si lo ve atendiendo a otra persona, debe tener mucha precaución en sus negocios, pues un socio podría tratar de engañarlo.

Desafío.—Asistir a uno, presagia que será testigo de un problema familiar o entre amigos; si lo retan a batirse, tendrá problemas sociales en los cuales ofrecerá disculpas aún siendo inocente de lo que se le acusa; si usted reta a duelo, la muerte llegará a su familia.

Desayuno.—Verlo sobre la mesa, indica cambios improvistos en su vida; si desayuna solo, un descuido suyo le hará caer en las garras de un enemigo; si desayuna acompañado, recibirá buenas noticias acerca de un problema legal del cual ganará algún dinero; si desayuna en una casa ajena, pronto hará un viaje donde conocerá personas muy importantes para su futuro.

Descalzo.—Verse en un sueño descalzo, es síntoma de que sus relaciones amorosas fracasarán o de que recibirá muy malas noticias.

Desesperación.—Cuando se ve desesperado en un sueño, pronto recibirá alegrías; si son otros los desesperados, tendrá amigos francos y leales.

Desierto.—Realizar un viaje solo a través del desierto, presagia una racha de vergüenza y tristeza; si lo hace acompañado, realizará un importante pacto con sus amistades; si ve un oasis en el desierto, se le augura un tiempo de tranquilidad en medio de tantos problemas por los cuales pasa.

Desmayo.—Si se desmaya durante un sueño, denota la mala elección que ha hecho con las personas con las que trabaja o se relaciona; si ve desmayarse a otra persona, seguramente recibirá malas noticias de un lugar muy lejano.

Desnudez.—Verse desnudo, presagia que cometerá indiscreciones que le causarán muchos problemas; ver desnudas a otras personas, pronostica enfermedades y tentaciones en su futuro; si nada desnudo, denota que tiene problemas relacionados con la sexualidad.

Desocupación.—Si usted está desocupado, se le augura fracaso en sus planes; si un amigo es el que lo está, recibirá malas noticias de ese amigo.

Desorden.—Verlo, presagia que tendrá un enorme disgusto; si usted lo provoca, indica que es error suyo, lo puede conducir a la miseria.

Despedida.—Cuando se despide de una persona allegada, pronto recibirá malas noticias de una persona que vive lejos; si se marcha la persona amada, se le presagia una próxima fortuna.

Destierro.—Cuando se es desterrado, la mala fortuna que le aqueja lo seguirá por un tiempo más; si ve a otros desterrados, pronto tendrá ganancias económicas.

Desván.—Si lo ve, estará cerca del peligro, pero saldrá con bien de ello; si está en uno, perderá tiempo en un proyecto que no le dará las ganancias; verlo en otra casa, tendrá problemas que no podrá superar.

Detención.—Ser detenido, manifiesta que tendrá un enorme disgusto seguido de buenas noticias; ver que detienen a otros, recibirá regalos o noticias muy buenas.

Deudas.—Cuando se tienen deudas, presagia que saldrá victorioso en sus problemas; pagarlas, tendrá pérdidas en lo económico; cuando alguien le debe, augura penas por parte de una persona a la cual ayudó mucho y ahora se porta ingrata con usted; negarse a pagar deudas, vaticina una catástrofe.

Diablo.—Soñar con él, denota traición, tentaciones e injusticias; pelear con él, presagia una fuerte lucha en sus futuro, de la cual saldrá victorioso si antepone su fe y moral para ello.

Diamantes.—Si los ve, tendrá fracasos sentimentales; si los tiene, obtendrá ganancias económicas muy significativas; si los roba, tendrá pérdidas financieras; si se los regalan, buenas noticias para los enamorados; si los pierde, problemas de salud y pobreza; si los compra o los vende, pronostica malas noticias y tristeza.

Dieta.—Estar bajo un régimen alimenticio, prevée desesperanzas, frustración por no sentirse amado; si ve otros a dieta, tendrá un pleito legal usted o algún amigo cercano.

Difunto.—Verlo, manifiesta que algún familiar caerá enfermo; si en el sueño recibe noticias de un muerto, seguramente se enterará de una enorme dificultad por la que atraviesa un familiar o amigo, la cual le puede costar la vida.

Dinero.—Si lo ve, algo positivo y beneficioso llegará a su vida en los próximos días; encontrarlo, tendrá cambios en su vida que le inquietarán mucho; si lo pierde, presagia enormes ganancias para usted; si lo cuenta, sus inversiones y transacciones serán provechosa; si lo roba, seguramente alguien intentará estafarlo; si lo gasta, le harán promesas que no cumplirán; si lo ahorra o lo guarda, denota la enorme inseguridad que experimenta con respecto al futuro; si tiene poco, manifiesta el poco tiempo o energía que tiene para solucionar sus problemas.

Dios.—Cuando se le ve, se verá dominado por una persona que aparenta ser su amigo; si lo escucha, sus amigos le brindarán muchas satisfacciones; si le reza, se arrepentirá de sus malas acciones, cosa que le ayudará en su futuro; si recibe su bendición, comprará una propiedad o hará una excelente inversión.

Diploma.—Tener uno, pronostica gran éxito en sus actividades; si otros lo tienen, estarán a prueba sus cualidades y su integridad; si ve niños recibiendo diplomas, se le vaticina una larga vida.

Discurso.—Escucharlo, le indican que perderá el tiempo en actividades infructuosas; si lo pronuncia, su mal comportamiento le puede causar enormes problemas en el trabajo.

Disfraz.—Verse disfrazado, puede pronosticar que engañará a un amigo o socio; si otro se disfraza, y usted lo conoce, seguramente esa persona es a la cual quiere engañar.

Disparar.—Si ve un disparo o lo escucha, tendrá problemas que lo distanciarán momentáneamente de su pareja; si es herido por un disparo, presagia dificultades con un buen amigo; si usted dispara, tendrá éxito en lo económico.

Disputa.—Cuando tenga alguna con un hombre, sufrirá tormentosos momentos en el futuro; si es con una mujer, tendrá enormes celos.

Divorcio.—Sentir la necesidad de divorciarse de su pareja, presagian la superación de los problemas conyugales; si obtiene la separación, presagia el final de su vida matrimonial; si son otros los que se divorcian, habrá chismes y habladurías que afectarán su matrimonio.

Documentos.—Si firma algún documento en sus sueños, se le presentará un negocio en el cual perderá mucho dinero; si ve a otros firmando un documento, una persona que quiere mucho, perderá todo respeto y amistad por usted sin motivo alguno.

Dominó.—Si se ve jugando dominó con amigos, superará problemas; si ve fichas de dominó, presagia que su vida debe seguir su curso sin cambio alguno.

Dragón.—Si se ve uno, sus arranques y actitudes agresivas le crearán problemas si no las controla, pues sus enemigos están al acecho.

Duende.—Si se les ve durante un sueño, tendrá sucesos extraordinarios en su vida que cambiarán para bien su existencia.

Dulce.—Verlos, indica que la felicidad que experimenta puede ser falsa; si los come, tendrá un gran número de invitaciones para asistir a eventos sociales y mucha suerte en el amor; si se los regalan, seguramente obtendrá ganancias económicas y sus relaciones sentimentales se verán gratamente afectadas; si usted los regala, vaticina que la propuesta que ha hecho, será rechazada.

Durazno.—Comerlos u observarlos, presagian problemas con sus hijos o los niños de la familia; si están en un árbol, las enfermedades aparecerán en su vida.

— E —

Eclipse.—Ver uno, vaticina malas cosas en cuestiones financieras; frecuentemente, se le relaciona al temor de caer enfermo.

Edificio.—Cuando observe uno de grandes dimensiones, le depara una larga y fructífera vida; si son viejos o en malas condiciones, tendrá problemas económicos.

Ejecución.—Si ve una ejecución, desconfíe de sus amistades, pues le pueden fallar; si usted es el ejecutado, es conveniente que piense dos veces las cosas antes de hacerlo, pues puede acarrearle problemas futuros.

Elefante.—Verlo, augura peligro y una vida corta pero muy estable; si lo alimenta, subirá rápidamente en el trabajo por méritos propios; si lo monta, tendrá mucho éxito en sus negocios; mirarlo herido o muerto, presagia problemas financieros.

Embarazo.—Cuando la mujer sueña que está esperando un bebé, puede tener un embarazo peligroso y muy difícil; también puede presagiar problemas en sus relaciones interpersonales.

Embarcadero.—Si se encuentra en un embarcadero, habrá problemas por manifestar un derecho que le corresponde; saldrá vencedor, pero le costará mucho trabajo.

Empleo.—Perder el empleo en un sueño, presagia grandes ganancias económicas; si usted lo consigue, habrá dificultades en su vida.

Enano.—Cuando sueñe con uno, de seguro gozará de una excelente salud, lo cual le permitirá emprender nuevas actividades; si ve a sus amigos como enanos, disfrutará de sus actividades con ellos, ya que todos gozarán de gran salud;

si los enanos que ve son feos o deformes, atravesará una mala racha emocional y económica.

Encajes.—Soñar con encajes es un buen sueño, pues le depara muy buena suerte para el futuro; si en sus sueños lo compra, adquirirá una empresa que le hará ganar mucho dinero.

Encías.—Cuando vea sus encías en un sueño, seguramente habrá problemas entre su familia; si son ajenas, pronto recibirá un mensaje por medio de una persona que lo visitará inesperadamente.

Enciclopedia.—Consultarla o verla, le augura una gran pérdida económica que casi lo llevará a la quiebra.

Encierro.—Si sueña estar encerrado, se manifiesta una lucha entre su interior y lo que le rodea (familiares, trabajo, etc.); si sale del encierro, denota su deseo de evadir problemas internos por medio de la extroversión.

Encontrar.—Cuando encuentra algo en su sueño, pronto se dará cuenta del error cometido por el cual ha perdido tanto dinero; si otros son los que encuentran algo, la tristeza y frustración se apoderarán de usted; encontrarse con alguna persona, le presagia preocupación por su seguridad.

Enemigo.—Ver a un enemigo en un sueño, augura que todas sus ambiciones pronto se realizarán; estar a fuerza con uno, presagia una catástrofe; pelear contra él, pronostican el engaño de un amigo; si platica con uno, tenga mucho cuidado al firmar documentos.

Enfermedad.—Si padece una, cuídese de sus amigos, pues pueden traicionarlo y causarle una verdadera enfermedad; si sueña con ellos, obtendrá dinero de forma ilegal, pero sin consecuencias mayores.

Engordar.—Este sueño manifiesta, generalmente, el temor a subir de peso o de quedar embarazada, claro, en el caso de las mujeres.

Enojo.—Verse molesto en un sueño, manifiesta que debe tener cuidado de no hacerlo en la vida real, pues le puede traer muchos contratiempos; enojarse con un pariente o su pareja, muestra cambios importantes en su vida; enojarse con desconocidos, augura el conocimiento de una importante información que le servirá en el futuro.

Enriquecerse.—Cuando sueñe que de la noche a la mañana tiene mucho dinero, prepárese, pues las alegrías y una bella boda viene en camino.

Enterrar.—Cuando entierre alguna cosa en un sueño, debe de poner mucha atención en los bienes raíces, pues sus propiedades se valuarán enormemente; si entierra oro o dinero, puede tratarse de una accidente o muerte de alguna persona a la cual estima mucho; si lo entierran vivo, cuidado, pues una larga mala racha se aproxima.

Entrada (Entrar).—Cuando vea una entrada en un sueño, un cambio muy importante en su vida está por ocurrir; cuando sale por ésta surgirá un problema, el cual, no sabrá cómo resolver.

Equipaje.—Cuando sueñe con su equipaje, un contratiempo o situación le hará cambiar de planes; si lo pierde, presagia que sus enemigos tratarán de provocarlo para que pierda el control.

Erotismo.—Estos sueños, por lo general, reflejan la represión de sus necesidades sexuales.

Erupción.—Ver un volcán en erupción, denota la terrible necesidad de sacar un sentimiento reprimido dentro de usted.

Escalera.—Observar una, manifiesta que debe tomarse un tiempo para pensar bien las cosas; subir una, augura que todas sus preocupaciones desaparecerán, pues sus actividades recibirán el reconocimiento que merecen; bajarla, manifiesta una confusión con respecto a los métodos de conseguir lo que se ha propuesto; caer de una, vaticina el repentino fracaso en un negocio.

Escapar.—Cuando escape de alguna situación en un sueño, seguramente su vida necesita de un cambio, pues la monotonía puede agobiarlo; si lo intenta y no puede hacerlo, revela que quiere hacer el cambio, pero que hay pequeños obstáculos que se lo impiden.

Escoba.—Verla en un sueño, manifiesta que pronto entrará en un estado reflexivo que ha necesitado; si se deshace de ella, un familiar de usted, tendrá una muy buena racha en su futuro, cosa que le agradará.

Escorpión.—Cuando vea uno de estos animales en su sueño, se le vaticina peligro de un accidente o una enfermedad contagiosa.

Escribir.—Si escribe una carta a alguien durante un sueño, esa persona que vive alejada de usted, pronto tendrá noticias de ella.

Escuela.—Soñar con una, denotan en usted una enorme curiosidad y deseos de conocer más cosas; si asiste a una, manifiesta su necesidad de comunicarse con otras personas; si es maestro en una, se le anuncia un fracaso al intentar imponer sus ideas a otros.

Espada.—Ver una, augura traiciones por parte de personas conocidas; si la tiene entre sus manos, manifiesta poder y triunfo sobre los demás; ser herido por una, vaticina una mala racha en lo económico; si usted hiere a otra persona, puede ser objeto de habladurías que pondrán en entredicho su honor; puede tratarse también, en algunos sueños, de un símbolo fálico.

Espejo.—Verlo en un sueño, pronostica traición y mentiras; romperlo, manifiesta enfermedad o muerte de un ser querido; verse reflejado en uno, augura una enfermedad para usted; observar a otros reflejados, puede indicarle la futura unión matrimonial de dos personas que serán muy desdichadas.

Espíritu.—Observar uno, presagia siempre mala fortuna; hablar con él, puede manifestarle el peligro que se acerca a su vida.

Esqueleto.—Cuando vea uno en un sueño, es síntoma inequívoco de un peligro que se aproxima; si se le acerca, podrá caer en peligro de muerte.

Estatua.—Ver una, vaticina la partida de un amigo o ser querido.

Estiércol.—Verlo en un sueño, manifiesta ganancia de dinero, una sorpresa o un suceso extraordinario que lo hará prosperar.

Estrellas.—Admirar un sueño estrellado, augura una enorme recompensa a su esfuerzo y comportamiento; ver una estrella fugaz, manifiesta un período difícil y de privaciones para su familia.

Evacuación.—Verla en un sueño, presagia la liberación de problemas, preocupaciones y responsabilidades que lo atormentan.

Excitar.—Sentirse excitado durante el sueño, presagia nerviosismo y angustia al no obtener buenos resultados en un proyecto que le ha llevado tiempo y esfuerzo.

Explosión.—Verla, manifiesta indiscreciones por parte de amigos o compañeros de trabajo; salir herido de ella, augura disgustos y decepciones en los negocios.

— F —

Fábrica.—Soñar que se está en una fábrica, vaticina cambios muy fructíferos en los negocios, sin embargo, habrá rupturas familiares.

Fama.—Cuando se ve famoso en un sueño, significa que, no obstante sus sueños inalcanzables, conocerá gente famosa e importante.

Familia.—Ver a la familia en un sueño, denota operaciones riesgosas que le pueden causar pérdidas monetarias; soñar con familia ajena, vaticina el fracaso de sus enemigos; lastimar o matar a un pariente, manifiesta la inmensa necesidad de liberarse del yugo paternal.

Fantasma.—Verlo en sus sueños, no es más que ver su propio ego; si se comunica con él, le advertirá del peligro de sus enemigos; si lo persigue, experimentará experiencias muy extrañas; si el fantasma es usted, afrontará dificultades y contratiempos.

Farmacia.—Soñar con una, advierte su preocupación por su salud; ir a una, manifiesta la necesidad de orientación con respecto a una decisión que debe de tomar.

Farol.—Verlo encendido en la noche, presagia dinero inesperado para usted.

Feliz.—Soñar que es usted muy feliz, anuncia el advenimiento de tiempos dichosos y metas cumplidas; si ve a un amigo feliz, cuídese de él, pues puede traicionarlo.

Feria.—Estar en una, indica que su vida social será muy activa durante los próximos meses; si va acompañado de la familia a una, sus proyectos y planes tardarán un poco más de tiempo para verse convertidos en realidad.

Ferrocarril.—Observarlo, indica que usted ha descuidado sus negocios y que sus enemigos están al acecho; viajar en

uno, presagian provechosos viajes; caminar sobre los durmientes de un ferrocarril, vaticinan una mala racha en los negocios; si lo hace sobre las vías, ideas brillantes surgirán de
su cabeza, solucionando todos sus problemas.

Fiesta.—Asistir a una fiesta o reunión, manifiesta que
tendrá alegrías momentáneas y contacto con gente importante; si la está preparando, presagia que otras personas disfrutan de las cosas que usted aspiraba tener; ir acompañado a
una de amigos, denota que éstos le pueden traicionar; si lo
hace en compañía de su pareja, llegarán a usted buenas noticias y muchas satisfacciones.

Flauta.—Soñar con este instrumento musical, anuncia
que usted obtendrá fácilmente buenos ingresos; si la escucha
durante un sueño, amigos que hace mucho no veía, se reuni-
rán con usted y pasarán buenos momentos.

Flores.—Verlas, manifiesta que habrá muchas ganancias
y buenos amigos a su alrededor; si usted las recibe como
obsequio, una estupenda noticia o suceso está por llegar;
sembrarlas, vaticinan excelentes actividades que le harán vivir más cómodamente y feliz; los colores en las flores son
muy variados, por ejemplo: el rojo se relaciona con sangre
que será derramada, negro con la muerte, blanco desengaños,
amarillas enfermedad, etc.

Fortuna.—Soñar que adquiere una fortuna, presagia posibles pérdidas económicas muy grandes; si sueña que la pierde, vaticina una herencia o ganancia inesperada.

Fotografía.—Ver varias en su sueño, manifiestan una gran decepción en el futuro; recibir una del ser amado, sugiere la infidelidad de éste.

Fraile.—Cuando vea a uno en sus sueños, seguramente se enterará de una traición o falsedad por parte de un amigo; si es el fraile, terminará una relación amistosa o sentimental muy apreciada por usted.

Frente.—Tener una frente demasiado ancha en un sueño, vaticina reconocimiento y respeto de quienes le rodean; si la ve muy estrecha, problemas en los asuntos personales.

Fresas.—Soñar con ellas es muy bueno, ya que logrará obtener lo que tanto ha deseado, además de buenos negocios y un amor firme; si las come, el amor que siente por esa persona tan especial es correspondido.

Frijoles.—Verlos en un sueño, anuncian problemas en los negocios; cultivarlos, vaticinan preocupaciones por planes que no se llevan a cabo como quisiera; cocinarlos, manifiesta una transacción provechosa para usted.

Frío.—Soñar que tiene frío, augura reconocimiento y honor hacia su persona por ser bondadoso con los demás; si otros tienen frío, se le vaticina suerte en negocios o empresas que vaya a iniciar.

Fruta.—Observarla en un árbol, manifiestan sus deseos de tener familia; verla en el suelo, anuncia que usted puede reclamar lo que es suyo sin la menor preocupación; comerla, anuncia placeres frívolos que no le harán ningún provecho; robar una, denota el conflicto que tiene al no saber qué hacer frente a la posibilidad de una relación amorosa ilícita.

Fuego.—Soñar con este elemento, muestra sentimientos fuertes que harán cambiar su vida; ver su casa quemarse, indica que tendrá una bella familia; si su negocio se quema, augura una excelente racha económica; si usted es el que se quema, controle su temperamento, pues puede traerle grandes problemas.

Fuente.—Ver una con agua y limpia, depara comodidades y abundancia en su vida; verla seca, presagia mala salud.

Fumar.—Hacerlo en una pipa, anuncia una próxima enfermedad; si es un cigarrillo, recibirá una carta de alguien muy querido; un puro, manifiesta que debe de conciliar para salir adelante de sus problemas; si otros fuman, será adulado por seres que no son buenos amigos.

Funeral.—Asistir a uno, manifiesta mucha suerte en lo sentimental; si el funeral es de un amigo o pariente, pronto se hará una propiedad.

Fusilar.—Si usted es el ejecutado, habrá problemas en el hogar y en los negocios; si nada más lo ve, un escándalo provocará problemas en su negocio y disputas familiares.

Fútbol.—Si usted juega al fútbol, tendrá buenas y acertadas decisiones; si otros son los que lo hacen, tendrá muchas preocupaciones.

Futuro.—Tener un sueño, en el cual sucedan acontecimientos futuros, presagian la oportunidad de enmendar malas acciones.

— G —

Galería.—Visitar una, augura problemas en el hogar.

Galleta.—Soñar con esta golosina, presagia posibles trastornos digestivos; si las come, su salud y hogar se verán afectados por problemas.

Gallina.—Ver gallinas en sus sueños, pronostica buenas noticias de un amigo lejano y muy buenas ganancias en los negocios.

Gallo.—Este animal indica éxito en los negocios; si lo ve pelear, tendrá problemas con la autoridad; verlo muerto, indica frustración por no lograr sus metas.

Ganado.—Verlo, manifiesta abundantes recursos y prosperidad; si está pastando, indica que su vida conyugal pasará por buena racha; mirarlos en estampida, presagia tiempos difíciles en los cuales tendrá que actuar con mucha firmeza.

Ganancias.—Tenerlas en los negocios, vaticinan problemas; si las obtiene en juegos, sus amistades son confiables.

Gato.—Ver felinos en un sueño, presagia mala suerte, contratiempos y disgustos; ser atacado por uno, indica que sus enemigos no pararán hasta perjudicarlo, tenga cuidado; oírlos maullar, manifiesta que una persona que dice ser su amiga, tratará de dañarlo; si el gato está dormido, tendrá pequeños, pero sólidos logros.

Gaviota.—Observar una en vuelo en su sueño, indicará que un amigo(a), le ayudará a encontrar soluciones provechosas; verlas muertas, denotan la separación de dos personas muy queridas.

Gente.—Ver mucha en su sueño, manifiesta placeres y eventos sociales muy gratos.

Gigante.—Verlo, manifiesta un sentimiento de intimidación por parte de una autoridad con la cual se relaciona; si lo derriba o asusta, triunfará en sus negocios; ver a muchos, indica que triunfará en una relación amorosa a pesar de la competencia.

Gitanos.—Observar gitanos, manifiesta una personalidad indecisa y voluble de su parte; si un gitano adivina su suerte, puede ser prisionero de celos infundados que le causarán problemas en el hogar; hacer negocios con uno, sugiere pérdidas en los negocios.

Globo.—Mirarlo, vaticina una ingeniosa trampa de la cual podría ser objeto; si son muchos y de colores, el triunfo está muy cerca.

Granja.—Vivir en ésta, le augura muy buena fortuna; comprarla, manifiesta una mejoría considerable en sus finanzas; si solamente la ve, ponga mucha confianza y fe en sus proyectos, pues se lograrán.

Guantes.—Usarlos en un sueño, indica una persona cuidadosa, ahorrativa, justa y prudente en sus transacciones; si los pierde, sus seres queridos y socios lo abandonarán.

Guitarra.—Ver este instrumento, vaticina mejores noticias con respecto a la mala situación que ha pasado; tocarla manifiesta que sus relaciones familiares y sentimentales serán inmejorables.

Gusanos.—Observar la presencia de estos animales augura que personas bajas y maléficas, tratarán de perjudicarlo.

— H —

Habas.—Verlas o comerlas, pueden presagiar problemas familiares o con amigos muy cercanos.

Habitación.—Estar en una extraña, vaticina futuras experiencias extraordinarias pero buenas; si está en la suya, manifiesta la firme determinación de tomar una decisión para sus dudas.

Hablar.—Si lo hace durante el sueño, seguramente tendrá problemas en los negocios; si otros son los que hablan, tendrá dificultades por meterse en asuntos que no le corresponden; si escucha opinar de usted, alguna enfermedad o pleito con un socio tendrá lugar.

Hacha.—Tener una, optará por tomar una decisión radical con respecto a un problema; si solamente la ve, puede significar una pérdida de dinero muy importante para usted.

Hadas.—Verlas, generalmente denotan una personalidad inmadura y romántica.

Hambre.—Sentirla, manifiesta insatisfacción de su parte hacia la vida en general; ver hombres hambrientos, habrá problemas en sus negocios y retrasos; contemplar mucha comida después de estar hambriento, augura una traición por parte de un amigo.

Harina.—Tenerla, vaticina ganancias y abundancia en su futuro; comprarla, augura enormes ganancias en sus negocios; cocinar con ella, posiblemente las circunstancias le hagan perder un amigo(a).

Helado.—Este sueño es muy malo para todos aquellos que están enamorados, pues todas sus metas serán inalcanzables y recibirán desprecios por parte de la persona cortejada.

Herencia.—Si la recibe, alguien en la familia perderá la vida, pero sus proyectos se verán cristalizados pronto.

Heridas.—Ser herido, presagia malos momentos en los negocios o en el amor; si hiere a otro, posiblemente tendrá muchos daños y pérdidas; si usted mismo se hace una herida, el amor y los negocios le sonreirán; ver a otros lesionados, manifiesta avances en sus negocios.

Hermanos.—Verlos en un sueño, vaticina que una gran fortuna pronto llegará y que toda la familia la disfrutará; si discute con ellos, ocurrirá una desgracia entre los miembros de su familia.

Herradura.—Encontrarse una en un sueño, le vaticina gran cantidad de dinero y de suerte en su futuro; si la pone en un caballo, un amor muy querido lo abandonará.

Hielo.—Si ve mucho, las intrigas y envidias en su contra le atraerán muchas dificultades; caminar sobre él, vaticina problemas en los negocios y el hogar por placeres pasajeros; comerlo, presagia dudas de enfermedad que afectarán sus negocios y vida familiar.

Hijos.—Cuando vea a éstos en un sueño, sus relaciones familiares irán viento en popa; si habla con ellos, sus negocios correrán peligro de pérdidas económicas; si rescata a uno de algún peligro, pronto recibirá noticias de él que le harán sentirse muy orgulloso; verlos enfermos, presagia problemas serios en su porvenir; escucharlo pedir ayuda, pronostica muchos problemas y decepciones.

Hilo.—Verlo, vaticina enormes dificultades para poder concretar sus proyectos; ver hilos rotos, presagia fracaso a causa de amigos que no cumplieron con usted.

Hogar.—Ver uno, vaticina mucha seguridad financiera; construirlo, presagia el respeto y honor de todos hacia su persona; cambiarse de hogar, manifiesta que en el futuro recibirá una pequeña herencia o legado; visitar su viejo hogar, indica que pronto llegarán a usted noticias de alguien muy querido que hace mucho tiempo no ve.

Hojas.—Observar muchas, deparan gran felicidad y enormes ganancias económicas; verlas caer de un árbol, pueden significar malos resultados en sus relaciones interpersonales.

Hombre.—Encontrarse con uno apuesto y de buen carácter, vaticina que disfrutará de las cosas buenas que ofrece la vida; si es uno feo o deforme, tendrá muchos contratiempos que le impedirán lograr todos sus proyectos.

Hongos.—Verlos, manifiesta que tiene una gran tendencia a lograr grandes cantidades de dinero con el objetivo de gastarlo en cosas vanas y triviales.

Horca.—Ver una, le vaticina buena suerte, satisfacciones y dicha; ser sentenciado a morir en ella, augura grandes oportunidades para mejorar mucho su situación financiera; si otros son los ahorcados, la ruina lo ronda, tenga mucho cuidado.

Hormigas.—Soñar con ellas, indican que sus negocios y finanzas tendrán enorme actividad; si las ve en su hogar, algún familiar caerá enfermo; verlas en la comida, la dicha y la prosperidad pronto tocarán a su puerta.

Hospital.—Verlo, le presagia que pronto tendrá que cambiar de hogar debido a que las finanzas han ido muy mal; si está en él, tendrá muchas privaciones; si lo ve lleno, la buena salud le acompañará.

Hotel.—Si ve uno, seguramente es una persona de gran corazón que siempre intenta ayudar a los demás; si es el dueño del hotel, las riquezas con las que siempre ha soñado pronto llegarán; si usted trabaja ahí, manifiesta que puede encontrar un mejor empleo del que actualmente tiene, sólo tiene que poner un poco más de interés y lo logrará.

Huesos.—Ver huesos humanos, manifiesta que pronto recibirá una sorpresa muy agradable; si ve muchos amontonados, vaticina que pasará épocas muy difíciles en lo económico.

Huevo.—Soñar con huevos, presagia una excelente noticia con respecto a un juego de azar; ver una caja de blanquillos, indica que llevará a cabo algunos negocios con excelentes resultados; si se ve embarrado de huevo, seguramente gastará el dinero que obtuvo ilícitamente en cosas triviales.

Humo.—Si lo ve en sus sueños, una sensación de inseguridad llenará su vida en los próximos días; si lo envuelve el humo, se topará con personas intrigantes que buscan hacerle daño por la espalda.

Huracán.—Soñar con uno, vaticina tiempos turbulentos y difíciles, durante los cuales, podría perder un buen amigo por su carácter explosivo; si ve la destrucción que ocasiona uno, pronto solucionará ese misterio que tanto le inquieta.

— I —

Iglesia.—Estar en una, vaticina que una persona muy allegada a usted le hará una enorme muestra de afecto y cariño; si solamente la ve, pronto sabrá de la muerte de alguien muy querido.

Iguana.—Ver este animal durante un sueño, manifiesta que pronto conocerá a personas que, en un principio, no serán de su agrado, pero con el tiempo serán vitales para lograr el éxito anhelado.

Imagen.—Ver la imagen de un difunto, puede manifestar la enfermedad de algún familiar; si ve la de un santo, presagia enormes calamidades en el negocio y en su vida familiar.

Impostor.—Reconocer a un impostor durante un sueño, denota una fuerte advertencia por parte del subconsciente, la cual indica que un amigo al que le tiene mucha confianza, buscará engañarlo.

Imprenta.—Verla, presagia que será presa de calumnias y chismes por parte de amigos.

Incendio.—Presenciar uno sólo, augura prontas alegrías y buenas noticias; si alguien se quema, tendrá disgustos y problemas en los próximos días; rescatar a una persona de un incendio, manifiesta que su férrea voluntad lo hará superar cualquier problema.

Indigente.—Observar uno solo, presagia un éxito rotundo en todas sus empresas; si ve a varios, su economía se verá mermada considerablemente.

Indio.—Verlos en un sueño manifiesta que acepta a personas ajenas a su círculo social; si es atacado por ellos, denota que no acepta a personas nuevas o diferentes a usted.

Infidelidad.—Soñar que su pareja le es infiel, augura una estabilidad emocional, además de una compenetración total, con ella; si un amigo le es infiel, puede estar tranquilo, pues éste le es fiel y lo admira mucho.

Infierno.—Estar en este lugar, presagia que en los próximos días usted será muy feliz y afortunado; verlo, manifiesta un cambio radical en su vida; ver a sus amigos en él, augura malas noticias de alguien muy querido.

Infortunio.—Padecer uno, denota grandes oportunidades en empresas y negocios; ver a otros en desgracia, revela peligros en sus relaciones amorosas.

Ingeniero.—Soñar con uno, vaticina viajes largos y molestos, pero reuniones sociales placenteras.

Injusticia.—Ser víctima de una en un sueño, indica su enojo al ver que su trabajo no le reditúa lo que cree merecer; cometerla, manifiesta su sed de venganza por una acción que considera cruel o injusta.

Insectos.—Ver insectos voladores, manifiesta problemas con niños que entran a la pubertad; mirar uno dañino, vaticina excelentes negocios relacionados con oro y plata; verlos en su casa, denota problemas en su hogar debidos a su fuerte carácter e intransigencia; matarlos, sugiere suerte en cualquier empresa que inicie.

Instrumento Musical.—Verlo en su sueño, presagia la aparición de una persona con la cual encontrará el consuelo a sus problemas; comprarlo, augura alegrías y actividades agradables para usted.

Intestinos.—Verlos en un sueño, augura malas noticias con respecto a un amigo y tragedias; si son sus propios intestinos, vaticina una enfermedad muy peligrosa de la cual debe cuidarse mucho.

Intruso.—Encontrarse con uno en sus sueños, manifiesta que habrá adversidades en los negocios y en el hogar.

Inundación.—Observar una enorme inundación, sugiere el fin de una relación amorosa muy importante; salvarse de una, denota que usted puede confiar en sus amistades en época de crisis.

Invalidez.—Verse inválido en un sueño, podría sugerirle una enfermedad, de la cual saldrá solo, si le hace caso al doctor; si otros son los incapacitados, seguramente atravesará una racha de muy buena suerte.

Invierno.—Ver un paisaje en esta época del año, sugiere una enfermedad de consecuencias irreparables; si el invierno es muy frío, la buena fortuna aparecerá en su vida durante los próximos días.

Invisibilidad.—Cuando en un sueño las cosas empiezan a hacerse invisibles, éste puede presagiar el inicio de una relación formal o de un compromiso muy importante con alguien; si usted es el invisible, seguramente un defecto físico que usted tiene, lo hace desear pasar inadvertido por la vida.

Inyección.—Recibir o poner una inyección, denotan ciertos problemas o circunstancias extrañas que ha experimentado en los últimos días, con respecto a sus relaciones sexuales.

Isla.—Soñar con una, manifiesta sus enormes deseos de estar solo para pensar mejor las cosas; estar solo en una, denota la molestia que siente al saber que cometió un error; si está acompañado, desea vivir en un mundo perfecto, con la persona amada, y con todas las comodidades posibles, cosa que jamás logrará, pues aspira a vivir en un mundo irreal.

— J —

Jabalí.—Soñar que persigue a uno, manifiesta que su proyecto o negocio no le darán los frutos deseados; si lo ve en un zoológico, un secreto será descubierto y, con esto, solucionado el problema que desde hace tiempo lo atormenta; ser perseguido por uno, presagia la separación momentánea de su pareja.

Jabón.—Verlo en un sueño, augura actividades recreativas muy alegres para usted, su familia y amigos.

Jade.—Soñar con jade, vaticina gran prosperidad, bienestar y alegrías.

Jamón.—Ver este alimento mientras dormimos, manifiesta tiempos abundantes y de dicha; comprarlo, anuncia que estamos gastando más dinero del que tenemos; comerlo, augura la pérdida de algo muy valioso.

Jardín.—Observar uno bien cuidado, augura éxito en los negocios y una vida bien organizada; verlo descuidado, vaticina muchos problemas en sus negocios por el descubrimiento de un secreto; si se pasea por éste, seguramente las oportunidades de codearse con personas importantes en fiestas o eventos sociales, esté a la vuelta de la esquina.

Jaula.—Verla vacía, presagia el fracaso rotundo de un matrimonio o el encarcelamiento de alguien; cuando está llena, seguramente los temores que ha manifestado, pronto se desvanecerán.

Jefe.—Soñar con su jefe, vaticina que una concubina lo llevará a la ruina, tanto moral como económicamente.

Jeringa.—Ver una, vaticina malas noticias con respecto a la salud de un ser querido que son falsas, ya que con el tiempo, sabrá que está muy bien; usar una, le augura excelentes oportunidades para avanzar en sus finanzas.

Jesucristo.—Soñar con Él, manifiesta una enorme estabilidad emocional en su hogar y negocios; hablar con Él, vaticina que, durante un momento muy trágico en su vida, encontrará consuelo; verlo en la cruz, simboliza la injusticia y maltrato que hay a su alrededor.

Jirafa.—Ver este largo animal en un sueño, denota el espíritu inquieto y entrometido de la persona, así como su facilidad para lograr metas muy altas.

Joroba.—Soñar con un jorobado, manifiesta que habrá cambios difíciles en su vida, a los cuales se debe de adaptar;

si usted es el jorobado, pasará por un momento muy embarazoso.

Joven.—Verse más joven en un sueño, manifiesta que llevará a cabo enormes esfuerzos por recuperar algo perdido en el pasado, pero sin resultados; sentirse más joven, denota alegría en el hogar y el trabajo gracias a su desempeño honesto.

Joya.—Tenerlas, augura muchos problemas y desengaños en cuestiones sentimentales; si las compra, se acerca un accidente; recibirlas como regalo, indica que hay alguien que lo envidia y que hará todo lo posible por arruinarlo; robarlas vaticina un negocio ilícito, mediante el cual, logrará cumplir sus metas.

Judas.—Soñar con este personaje, indica que debe de ser muy cuidadoso y selectivo al escoger a sus nuevas amistades; si usted es Judas, tenga cuidado, pues puede caer en tentaciones fácilmente.

Judío.—Ver uno, vaticina muchas ganancias y buenos negocios; si su pareja es judía, llevará a cabo una visita que le redituará muy buenos resultados en el futuro.

Juego de Azar.—Participar en uno, manifiesta que perderá amistades, pero los cambios que habrá en su vida le serán muy provechosos; si otros son los que juegan, su problemas irán disminuyendo.

Juerga.—Irse de juerga o parranda, vaticina que podría perder el respeto y admiración de sus allegados por descuidar sus obligaciones en el trabajo y el hogar.

Juez.—Si es citado por uno, vaticina que se verá expuesto a situaciones muy penosas y difíciles en el futuro.

Juguete.—Ver juguetes, simboliza premios y reconocimientos a su trabajo y comportamiento recto; si los regala, seguramente se sentirá desplazado o ignorado por sus amigos; si ve a niños jugando con ellos, augura un matrimonio dichoso y duradero.

— K —

Kiosco.—Ver uno, augura muchos romances que aparecerán simultáneamente y de manera inesperada. Esta situación, lo hará perder muchas oportunidades de ser feliz, si usted no es capaz de tomar una determinación.

— L —

Laberinto.—Estar en uno durante un sueño, manifiesta la solución a un problema que desde hace mucho lo atormenta.

Labios.—Ver los suyos, presagia que pronto le caerá dinero extra; si son unos extraños los que ve, el sueño augura malas noticias; si un hombre besa los labios de una mujer, o viceversa, las noticias que lleguen en un tiempo, serán buenas y muy provechosas para usted.

Laboratorio.—Observar uno, le advierte de un enorme peligro, una traición o una muerte; si está en él, seguramente habrá estabilidad y alegría en su futuro.

Ladrido.—Escuchar ladrar a un perro, manifiesta una situación difícil, en la cual, deberá buscar ayuda en un amigo.

Ladrillo.—Ver uno, anuncia inestabilidad en los negocios; hacerlo, manifiesta que su empeño por lograr obtener buenas ganancias y estabilidad económica, será inútil.

Ladrón.—Si lo ve, vaticina una fortuna muy grande; ser asaltado por uno, manifiesta una leve mejoría en su actual situación; verlo atrapado, augura gran éxito en negocios; mirarlo escapar, denota problemas y decepciones en sus relaciones amorosas; si usted lo persigue, simboliza que tendrá que enfrentar, tarde o temprano, a sus adversarios o enemigos.

Lago.—Soñar con uno muy bonito, manifiesta que su vida será más placentera y holgada de lo que ya lo es; si las aguas son turbulentas, seguramente atravesará problemas muy difíciles; si ve el lago en medio de una gran lluvia indica que, con paciencia, logrará superar todas las adversidades.

Lanza.—Ver una en sus sueños, le advierte de la posibilidad de fuertes enfrentamientos contra sus enemigos; ser herido por una, manifiesta que se lamentará por haber cometido errores de juicio.

Lavar.—Verse lavando cualquier cosa en un sueño, denota su idea de no estar metido en situaciones embarazosas; si lava ropa, refleja su preocupación por saber lo que los demás piensan de usted.

Leche.—Soñar con ella, anuncia un futuro romance infructuoso; beberla, augura buena fortuna en el trabajo, casa y viajes (si se llevan a cabo); ver un recipiente lleno de leche, vaticina una sorpresa muy agradable; mirar una lechería, denota riquezas futuras para el que sueña.

Leer.—Cuando se vea leyendo durante un sueño, seguramente logrará sus metas si pone el suficiente esfuerzo; si ve leyendo a otras personas, se le augura gran lealtad por parte de sus amigos.

Leña.—Ver ésta apilada en un sueño, vaticina trabajo duro y mal pagado.

León.—Soñar con este animal, advierte en usted don de mando o liderazgo, el cual aprovechará para lograr mejores posiciones en la vida; luchar con uno, presagia pleitos fuertes con personas que le rodean; si lo ve enjaulado, augura que su éxito está basado en la manera en que maneje a los rivales que tenga.

Letrina.—Este sueño refleja que la persona está envuelta en negocios ilícitos, o que dañan a terceros.

Libro.—Soñar con ellos, es síntoma inequívoco de buenas noticias; verlos en una biblioteca, augura sorpresas muy agradables.

Licor.—Beberlo, presagia una enfermedad ligera; si lo fabrica, pronto llegará un amigo que había estado ausente por mucho tiempo.

Limón.—Soñar con este cítrico, augura disgustos y adversidades; comerlos, anuncia que tendrá humillaciones y envidias.

Limosna.—Soñar con una persona que pide limosna, vaticina que recibirá ayuda inesperada; si reparte usted limosna, seguramente disfrutará de una larga y dichosa vida.

Lisiado.—Ver a una persona lisiada durante un sueño, presagia que pronto sufrirá un gran desengaño; si usted es la persona que está lisiada, seguramente tendrá algunos problemas en los negocios.

Lobo.—Soñar uno, augura malos tiempos para usted; matarlo, vaticina una victoria sobre sus enemigos.

Locura.—Si usted ve a un loco, augura enfermedad en la familia; si usted es el demente, seguramente tendrá éxito en sus empresas y en amores, además de una excelente salud.

Lotería.—Sacarse el premio en un sueño, presagia que no obstante sus buenas intensiones, sufrirá mucho en la vida; jugarla, augura buena fortuna en los negocios; si otros son los que le "pegan al gordo", denota en usted gran ánimo y entusiasmo, cosa que le favorecerá, pues muchas personas lo seguirán por su carácter.

Lucero.—Ver uno en un sueño, manifiesta que pronto se encontrará con una mujer, con la cual, hará una enorme amistad.

Luna.—Verla en el cielo durante un sueño, augura que se atrasará en los pagos de deudas; ver que se obscurece, anuncia la pérdida de un amigo muy querido o un familiar; mirar la Luna nueva, manifiesta riquezas y compañía agradable; observar dos lunas, simboliza la ruptura de una relación por interés; si está roja, denota que habrá riñas y dificultades en su futuro próximo.

Luz.—Soñar con algo que emite luz, indica triunfo y éxito en sus empresas; ser deslumbrado por una, seguramente gozará de una excelente salud; ver una luz desconocida en el cielo, presagia un viaje largo en compañía de la persona amada.

— LL —

Llaga.—Verlas durante un sueño, presagia engaños, mentiras y traiciones; si cura una, seguramente pronto saldrá de su mala racha, gracias a su inquebrantable ánimo.

Llamas.—Observarlas durante un sueño, manifiesta un pequeño pleito sin importancia entre enamorados.

Llanto.—Verse llorando durante un sueño, augura que pronto tendrá problemas, viéndose obligado a adaptarse a nuevas situaciones muy desagradables; si otros son los que lloran, seguramente se verá comprometido a prestar ayuda a una persona que lo necesita.

Llave.—Verlas, denotan cambios drásticos en su vida; perderlas, manifiesta futuras experiencias desagradables; abrir una puerta con una llave, augura el inicio de un nuevo romance.

Lluvia.—Ver llover en un sueño, presagia la buena fortuna en el hogar; mojarse en la lluvia, indica que el extraño comportamiento de un amigo lo hará dudar de él.

— M —

Madera.—Verla, cortarla o cargarla, es indicativo del fuerte carácter que tiene; si la rompe o quema, augura bienestar y riqueza.

Madre.—Ver a su madre en un sueño, presagia felicidad y dicha, además de buenas noticias; permanecer a su lado y hablarle, seguridad y tranquilidad en su vida conyugal y en negocios; verla después de muerta, augura un peligro que se acerca; mirarla muerta, sin estarlo ella, presagia peligro en su familia o en los negocios.

Maestro.—Encontrarse con un viejo maestro de la infancia durante un sueño, presagia pequeños problemas que no sabrá cómo enfrentarlos; si usted es el instructor, obtendrá éxitos en cualquier actividad que emprenda, además de gozar de buena salud.

Maleta.—Soñar con una, anuncia un futuro matrimonio o pérdidas económicas.

Manchas.—Verlas en un sueño, indican cambios buenos en su futuro; si las ve en sus manos, tendrá algunos problemas insignificantes.

Manos.—Generalmente, la mano izquierda simboliza a la mujer y la derecha al hombre; si usted admira sus manos bonitas y frescas, seguramente sus negocios irán de maravilla; si las ve feas y con mucho vello, su salud será inquebrantable y tendrá muchas riquezas; si las mira pequeñas, hinchadas o enfermas, pasará por una pequeña mala racha; si tiene más de dos manos, el poder y la fortuna nunca lo abandonarán.

Manzanas.—Verlas en un árbol, presagia tranquilidad en el hogar; si las come y saben dulces, tendrá muchas alegrías y placeres en el futuro inmediato; si saben ácidas, habrá problemas y pleitos con la familia.

Mar.—Ver un mar tranquilo, anuncia facilidad en la administración de un negocio; si se le ve agitado, habrá ganancias al principio, pero después irá muy mal el negocio; navegar por él o ir de pesca, augura riquezas y fortuna.

Marido.—Soñar que su marido la deja súbitamente, habrá problemas con su pareja, pero sin mayor importancia; verlo guapo, denota la alegría que hay en el hogar; enamorarse de el marido de otra, presagia un matrimonio feliz o una soltería amarga.

Marino.—Verlo, vaticina un viaje peligroso; serlo, presagia cambios importantes en su vida.

Mariposa.—Ver a estos animales en un sueño, representan engaños y traiciones.

Máscara.—Verla en un sueño, indica la traición y el fracaso en los negocios; usarla, anuncia que pronto recibirá mucho dinero; ver a otras personas enmascaradas, manifiesta que luchará contra la falsedad y traición que unos amigos intentarán contra usted.

Matrimonio.—Soñar con uno, es síntoma inequívoco de enfermedad; soñar que usted se casa, advierte peligro para los casados y melancolía para los solteros; asistir a un matrimonio, presagia buenas noticias.

Mausoleo.— Soñar con uno, pronostica enfermedad, muerte o problemas para un amigo; visitarlo, advierte de una larga enfermedad,

Médico.—Verlo en un sueño, augura buena salud y prosperidad; visitarlo en su consultorio, indica su dominio sobre muchos aspectos; si usted es el doctor vaticina alegrías y utilidades.

Mendigo.— Observarlo es mala señal, pues habrá tristezas en su futuro; si usted es el mendigo, su mejor amigo jamás le fallará.

Mercado.—Visitarlo en un sueño, indica rivalidades en asuntos amorosos debido a la competencia; vender productos en él, presagia dinero fácil; comprar mercancías en éste presagia buena salud.

Mesa.—Sentarse en una, abundantemente servida, denota éxito y fortuna para el "soñador"; prepararla para comer, anuncia tiempos felices y afortunadas uniones; limpiarla vaticina problemas domésticos; si esta rota, su fortuna pasará por una muy mala racha.

Miedo.—Tener miedo a algo o a alguien durante un sueño, augura mala fortuna en los negocios; tener miedo sin motivo aparente, indica que la confianza puesta en una persona cercana pronto se verá traicionada.

Miel.—Soñar con este producto, es símbolo de placer y prosperidad.

Millonario.—Conocer uno en un sueño, sugiere escuchar a los amigos; si recibe favores de uno, pronostica satisfacciones y momentos felices.

Misa.—Asistir y escuchar misa, profetiza alegrías y satisfacciones.

Molino.—Soñar con un molino, presagia éxitos gracias a previos ahorros; ver uno de agua, augura muchos buenos negocios; ver uno de café, anuncia peligro.

Monedas.—Si son de oro, la prosperidad y placeres infinitos pronto llegarán; si son de cobre, pronostican una enfermedad corta seguida de riquezas; si son de plata, augura prosperidad en los negocios y pequeños problemas en el hogar.

Monedero.—Perderlo en un sueño, presagia alegrías y satisfacciones.

Monja.—Soñar con una monja, manifiesta tendencia al aislamiento y represiones sexuales.

Mono.—Verlo en un sueño, predice gratas actividades sociales; ver a varios jugando, presagia humillaciones y la enfermedad de un ser querido.

Monstruos.—Soñar con alguno, indica la llegada de tiempos mejores; ser perseguido por uno de ellos, presagia tristezas e infortunios.

Montaña.—Ver una gran montaña durante un sueño, augura un largo viaje; si esta cubierta con nieve, se recibirá un importante favor; si ésta es muy alta, sus metas serán alcanzadas después de muchos esfuerzos.

Morir.—Verse morir en un sueño, vaticina enfrentar las consecuencias de las manipulaciones mediante las cuales alcanzó su actual posición; verse agonizando, presagia que alguien muy importante perderá la fe en usted.

Moscas.—Soñar con estos animales presagia enfermedades contagiosas y muchos enemigos a su alrededor.

Muchedumbre.—Soñar que está en medio de una, augura mejoría en su posición económica; si sus amigos se encuentran en ella, iniciará un nuevo negocio.

Muerte.—Soñar con ella, pronostica larga vida; ver morir a una persona joven, presagia felices acontecimientos familiares; soñar con la muerte de un enemigo, vaticina un nacimiento en la familia; ver morir a una persona ya fallecida, advierte tristezas en la familia.

Mujer.—Ver a cualquier dama en un sueño, indica una dolencia; si es rubia, vivirá un momento muy feliz; si es morena, anuncia enfermedad; si está desnuda, presagia la muerte de un pariente; si discute con ella, sus aspiraciones se verán truncadas.

Muñeca.—Soñar con ellas, augura dicha en el hogar; tenerlas, presagia inclinación por galantear; ver muñecas ajenas, indican que pronto se restablecerá de una enfermedad.

Música.—Escuchar música melodiosa durante un sueño, augura buenas noticias; oír un concierto musical, presagia que pronto recibirá dinero.

— N —

Nacimiento.—Soñar con un nacimiento, indica buena fortuna, placer y alegrías; presenciar la llegada de un bebé, presagia malestar por no poder ser como los demás y resolver sus problemas.

Nadar.—Soñar que nada, augura amores y placeres, además de capacidad para vencer cualquier problema.

Nariz.—Ver su propia nariz en un sueño, señala carácter para alcanzar sus metas; si es deforme, nunca logrará sus metas; si le sangra, un desastre está por venir.

Navegar.—Navegar sobre aguas tranquilas, indica una economía estable; si el mar esta agitado, se le augura una alegría duradera.

Neblina.—Soñar con una, augura abandono y soledad.

Negocio.—Ver cualquier negocio en un sueño, pronostica una temporada feliz y aventuras provechosas.

Nieve.—Soñar con nieve, augura tranquilidad y dicha.

Niños.—Ver muchos, advierte el embarazo de una mujer; soñar con sus niños presagia éxito en los negocios; ver chiquillos enfermos, índica obstáculos en el camino.

Noche.—Soñar con la obscuridad de la noche, presagia el final de una mala etapa; perderse en ella, indica desconcierto y falta de firmeza.

Novios.—Besar a una novia, augura amistades y alegría; soñar con un novio, advierte chismes y calumnias; verlos juntos en una ceremonia, presagia una boda frustrada.

Nubes.—Observarlas en un sueño, pronostica problemas por estar desconectado de la realidad.

Nuera.—Soñar con la ella, profetiza un extraño acontecimiento que causará mucha alegría o tristeza.

Números.—Soñar con números sin recordar cuáles son, indican desgracia e incertidumbre; si sueña con el número uno, tendrá malas amistades; el dos, señala engaños y perdida de tiempo; el tres, malos negocios y pleitos legales; el cuatro, peleas y disputas familiares; el cinco, presagia buena suerte. Pasando de cinco, generalmente denotan ilusiones que no se realizarán.

— O —

Oasis.—Verlo en un sueño, vaticina que saldrá con bien de un peligro que le amenaza.

Obesidad.—Ver a una persona obesa en un sueño, pronostica riquezas inesperadas; si usted es el obeso, presagia enfermedad mortal.

Obsequio.—Recibir un obsequio en un sueño, simboliza suerte y prosperidad.

Oficina.—Soñar con una, augura intrigas y turbulencias en todos los ámbitos; si usted trabaja en ella, tendrá problemas con su salud.

Oídos.—Soñar con éstos, denota que usted ignora situaciones importantes que lo pueden perjudicar; si le duelen en el sueño, surgirán problemas inesperados.

Ojos.—Verlos bonitos en sus sueños, pronostican infidelidad y enemigos al acecho; ver muchos, indican excelentes negocios; si sus ojos son muy grandes, pronto recibirá una herencia; si ve ojos de niño, financieramente se verá muy próspero.

Olas.—Ver el oleaje del mar, predice tomas de decisiones muy importantes y peligrosas, en las cuales podría cometer un error.

Olla.—Soñar con ésta, anuncia abundancia y prosperidad económica.

Ombligo.—Verse el ombligo durante un sueño, puede indicar la pérdida de una amistad debido a palabras insidiosas.

Operación Quirúrgica.—Ser intervenido quirúrgicamente, augura cambios radicales con excelentes resultados; si observa nada más la operación, denota su personalidad pasiva y conformista.

Orar.—Verse orando en una iglesia, pronostica que sus deseos serán complacidos; si otros rezan por usted, su felicidad no tendrá fin.

Orejas.—Soñar con ellas, indica que recibirá consejos útiles para luchar contra sus enemigos; si éstas son muy grandes, un amigo suyo tendrá fortuna y le ayudará; si una de sus orejas es cortada, sufrirá un desengaño por parte de un amigo; si sólo tiene una, podría perder el trabajo.

Oro.—Soñar con este metal, presagia éxito en todo lo que emprenda; si lo encuentra en sus sueños, una herencia está por llegar; si ve a una persona cubierta de oro, seguramente admira y desea relacionarse sentimentalmente con ella; si sueña con monedas de oro, su exagerado ahorro le causará problemas.

Oso.—Ver a este animal en un sueño, le traerá malas noticias en el futuro; si usted lo mata, triunfará sobre sus enemigos; si es atacado por él, será perseguido por la ley.

— P —

Padres.—Soñar con su padre, indica que habrá problemas en el futuro, y que para salir de ellos, hay que hacer caso a consejos sabios; si habla con él, manifiesta que sus virtudes son muchas; si ve a sus padres felices, pronto habrá cambios favorables en su vida.

Padrino.—Ver a uno durante un sueño, presagia boda y momentos felices en su vida; si usted es el padrino, sus planes se verán truncados gracias a la deslealtad de un amigo.

Pagar.—Cuando sueñe que paga una deuda, se aproximan problemas económicos y pobreza; si es a usted a quien le pagan, pronto saldrá de una enfermedad.

Paisaje.—Admirar un paisaje con muchos árboles, presagia problemas graves; si el paisaje es muy bello, la suerte y la buena fortuna entrarán en su vida.

Palacio.—Observar un gran palacio, anuncia que llega un momento de miseria y tristezas; si vive en él, su vanidad le acarreará muchas dificultades.

Paloma.—Soñar con palomas blancas, denotan alegrías y amistades leales; oír el arrullo de estos animales, presagia la posible muerte del padre; matarla, augura celos y envidias en su relación.

Pan.—Cuando sueñe que está comiendo pan, seguramente los amigos le ayudarán en sus momentos más difíciles; compartirlo con amigos, presagia victoria en cualquier competencia.

Pantano.—Verse caminando por uno, anuncia enfermedades por exceso de trabajo y descuido personal.

Papas.—Verlas durante un sueño, pronostican sucesos muy favorables; si las está pelando, tendrá mucho éxito en su nueva empresa; si las come, conseguirá un trabajo propio y digno.

Paraíso.—Estar en él, anuncia que sus amigos siempre le serán leales y que contará con ellos para salir adelante de cualquier problema.

Paraguas.—Protegerse con él durante un sueño, vaticina problemas y envidias; prestarlo, anuncia diferencias con un buen amigo; perderlo, augura problemas con la persona a quien le tiene más confianza; si lo ve roto, revela que pronto será calumniado en el trabajo.

Parir.—Verse pariendo en un sueño, presagia momentos felices en su futuro.

Parque.—Soñar con uno, augura dicha y placeres para el que sueña; si pasea por uno bonito, su matrimonio será muy feliz y armonioso.

Pastel.—Cuando una dama sueñe con un pastel, denota codicia y promiscuidad; si se ve haciendo uno, habrá alegría en el hogar y trabajo, pero las tentaciones amorosas podría hacer que todo se desvaneciera.

Patinar.—Verse patinando, pronostica que el cambio que piensa hacer le traerá dificultades; si sólo ve patines, tendrá serias discusiones con un socio; ver a niños patinar, presagia buena suerte y abundancia.

Patio.—Ver un gran patio en sus sueños, anuncia el compromiso amoroso entre dos buenos amigos; si descansa en uno, pronto recibirá la visita de un ser que no estima; verlo muy limpio, anuncia problemas familiares.

Pato.—Soñar con estos animales, predice engaños y deslealtad de amigos; cazarlos, presagia la pérdida de su posición social y económica por un mal entendido.

Patrulla.—Ver una en un sueño, anuncia pérdidas de poca importancia; verla pasar, advierte el pago de una deuda que debe de hacer.

Pavo.—Soñar con uno, le advierte de un mal amigo o pariente que intenta, a toda costa, que fracase en sus negocios.

Payasos.—Verlo actuar, denota la poca importancia y respeto que usted tiene en su círculo social; si Ud. está vestido como uno, pronto le llegará la noticia de un fallecimiento.

Pecas.—Cuando una mujer sueña que su rostro está cubierto de pecas, seguramente su felicidad se verá empañada por sucesos desagradables.

Peces.—Verlos nadar, augura mucha suerte y felicidad; si los pesca, el amor y consideración tocarán a su puerta.

Película.—Si en su sueño Ud. es el protagonista de una, representa el egocentrismo y vanidad; si sueña con varias películas, recibirá muchas invitaciones a eventos sociales intranscendentes; si va al cine acompañado, habrá problemas en el amor y negocios; si va solo, un secreto se descubrirá; si son niños los que van con usted, la riqueza y fortuna en los negocios le sonreirán.

Pelota.—Cuando juegue con una o nada más la vea, seguramente le pagarán una vieja deuda; si la bota, habrá problemas en sus transacciones.

Peluca.—Usar una durante un sueño, augura un cambio en su vida, el cual, no será el más apropiado.

Peras.—Verlas durante un sueño, presagia que pasará momentos muy agradables; si las come, su dignidad lo llevará a cosechar éxitos.

Perfume.—Recibir uno de regalo, anuncia negocios exitosos y sociedades con gente muy importante; si lo tira o derrama, perderá algo que le dolerá mucho; comprarlo, pronostica la llegada de un nuevo amor.

Periódico.—Leer en un periódico buenas noticias durante un sueño, augura momentos felices y agradables en compañía de los suyos; si se ve comprando un diario, el amor llegará a su corazón.

Perlas.—Soñar con ellas, vaticina éxito en sus empresas, un poco empañado por la nostalgia del pasado; si las recibe como regalo, anuncia un feliz matrimonio; si las pierde, hará nuevas amistades.

Perros.—Ver estos animales durante una sueño, anuncia la llegada de un buen amigo que será leal; escucharlos ladrar, advierte que cualquier problema o rencilla lo harán sentirse muy mal, evítelas a toda costa; ver uno rabioso, presagia que sus enemigos lo difamarán.

Piano.—Soñar con un gran piano de cola, augura buena fortuna y felicidad en su vida; si usted lo escucha o lo toca, surgirá un problema con un buen amigo.

Piedras Preciosas.—Generalmente es un mal sueño, pues el verlas, anuncian miseria y tristezas.

Piernas.—Cuando vea unas piernas bonitas y bien formadas, seguramente saldrá victorioso en un concurso; si las ve muy delgadas, será ridiculizado entre sus amigos; verlas heridas, presagia problemas financieros.

Pies.—Soñar con sus pies, simboliza celos; si éstos son de un niño, sufrirá un terrible desengaño; si los ve muy sucios, tendrá un enorme problema.

Pino.—Ver este árbol en sus sueños, tendrá éxito de seguro en cualquier empresa que inicie.

Pintar.—Pintar un cuadro, augura que su trabajo será placentero, aunque las ganancias sean pocas; si usted se pinta a sí mismo en un cuadro, presagia larga vida; si pinta a otra persona, anuncia la falsedad y deslealtad de ésta hacia su persona.

Pirámide.—Soñar con una, habrá muchos cambios positivos en su vida; si la escala, seguramente realizará muchos viajes antes de llegar a sus metas.

Piscina.—Ver una, presagia la llegada de la fortuna a su vida; si la ve llena de agua, hará muchos y muy buenos negocios.

Pistola.—Verla sobre una mesa, pronostica buena salud; si usted la tiene entre sus manos, anuncia peligros y peleas; escucharla, manifiesta infortunios.

Plata.—Generalmente, soñar con este metal, le augura problemas con amistades o familiares, debido a la deslealtad y mentiras con que se desenvuelve.

Playa.—Ver una playa, vaticina sinceridad y tranquilidad en su vida.

Pobreza.—Verse en la pobreza, predice buenos negocios y riqueza.

Policía.—Soñar con uno, profetiza problemas con un amigo; si se le acusa de algo que no cometió y éste lo atrapa, saldrá victorioso de cualquier problema que surja en su trabajo; ver que uno le coloca las esposas a un delincuente, augura una larga vida para usted.

Pollo.—Soñar con este animal, denota su inseguridad y cobardía ante la vida.

Precipicio.—Verlo en un sueño, le advierte que podría ser objeto de burlas; estar parado al borde de él, anuncia problemas y adversidades; si cae en uno profundo, sufrirá enormes daños, y sus negocios o casas pueden incendiarse; verlo a lo lejos, anuncia que las dificultades han quedado atrás.

Prisión.—Si usted está adentro, tendrá muy buena salud; si sale de ésta, habrá peligros en su futuro inmediato; si mete a una persona a ella, algún familiar perderá la vida.

Puente.—Soñar con uno, le advierte que debe actuar con cautela en sus problemas más serios; si pasa sobre uno, augura que ha pasado el peligro; si cae de uno, tendrá pérdidas muy serias en su negocio.

Puerta.—Verla en un sueño, pronostica que pronto estará muy enamorado; si intenta abrirla y no puede, habrá muchas dificultades.

Puerto.—Estar en uno, pronostica que realizará un largo viaje o que recibirá muy buenas noticias.

Puños.—Soñar que los utiliza, presagia buenas noticias; si golpea a alguien con ellos, volverá a ver una vieja amistad.

Puro.—Verse fumando un puro, vaticina éxito en toda su vida; si otros son los que fuman, iniciará una época de prosperidad.

— Q —

Quemar.—Ver algo que se quema, advierte penas sentimentales; quemar algo a propósito, indica que algún familiar puede morir; si usted sufre de quemaduras, llegarán buenas noticias.

Querubines.—Si sueña con estos seres, anuncia la llegada de buenas experiencias que jamás olvidará.

Queso.—Soñar con cualquier tipo de queso, anuncia una desgracia; si lo come, sus ganancias subirán como la espuma, además de que gozará de buena salud.

Quiebra.—Ver que sus negocios están en quiebra, vaticina el reconocimiento y recompensa a su trabajo.

— R —

Ramas.—Soñar con cualquier tipo de ramas, simboliza a sus hijos y el control que tiene sobre ellos; verlas verdes y llenas de frutos, auguran éxito económico; si la rama está caída, habrá problemas de salud.

Rana.—Ver estos animales en un sueño, advierte en contra de las indiscreciones de las que puede ser objeto.

Rata.—Verlas en un sueño anuncia enfermedad; si las mata, presagia éxitos en sus empresas.

Ratones.—Soñar con ellos, augura malas noticias en su trabajo y problemas en el hogar; matarlo, pronostica la inminente victoria sobre el enemigo.

Red.—Verla en un sueña, vaticina la culminación de una relación amorosa; pescar con una, augura placeres y ganancias; si otros son los que la utilizan, la llegada de próximos amores se aproxima.

Refrigerador.—Soñar con este aparato, advierte que nuestra manera de expresarnos puede ofender o lastimar a un buen amigo; hay que tener cuidado.

Regalo.—Recibir regalos en un sueño, predice riquezas o proposiciones matrimoniales; si usted hace el presente, seguramente habrá satisfacciones en su futuro.

Reina.—Soñar con una reina, presagia excitantes aventuras, pero peligros en amores.

Reloj.—Ver uno durante un sueño, advierte contra posibles robos.

Remolino.—Soñar con uno, vaticina la llegada de una herencia; si lo ve en movimiento, una desgracia está por ocurrir.

Restaurante.—Estar en uno, presagia mala salud para el que sueña; si come en él, pronto se enterará de que un amigo está muy enfermo y de que necesita de usted.

Retratos.—Observar el retrato de una bella mujer, indica que puede tener pérdidas importantes en sus negocios; si éste es suyo, vaticina progresos en el trabajo.

Rey.—Soñar con un rey, denota los sueños de grandeza que tiene, pero que difícilmente podrá lograr.

Riña.—Verse envuelto en una, augura problemas y desgracias; si otros pelean, sus negocios irán muy mal.

Río.—Ver un río, anuncia felicidad entre la familia; nadar en él, presagia un peligro muy grande; si éste es caudaloso, una enfermedad muy larga llegará a su vida; si las aguas son tranquilas y claras, un nuevo romance llegará a usted, así como felicidad y dicha para los que le rodean; cruzarlo, anuncia seguridad en cualquier negocio que emprenda.

Riqueza.—Soñar que posee un inmensa riqueza, lo hará llenarse de valor para enfrentar los problemas que se acercan; si otros son los que la tienen, sus amigos lo ayudarán en momentos difíciles.

Risa.—Verse reír en un sueño, advierte que su vida va bien y que está a gusto con ella; si son niños los que ríen, la felicidad y buena salud lo acompañarán.

Rival.—Soñar con un rival, manifiesta que no está a gusto con la actividad que desempeña; si su rival lo vence, tendrá mucho éxito en los negocios.

Robar.—Verse robado o que otros lo hacen, manifiesta su preocupación por proteger su patrimonio, además de la llegada de mucho dinero.

Roble.—Soñar con uno, augura larga vida y buena posición económica; subir a uno, presagia el infortunio de un pariente; verlo seco, anuncia la muerte de un amigo.

Romper.—Si lo que rompe es madera o ramas, habrá peligros en su futuro; si es cristal, tendrá buena salud.

Ropa.—Ver su armario con demasiada ropa, presagia la llegada de algunos problemas, insatisfacciones y disputas; si compra mucha ropa, tendrá un gran éxito en cuestiones de amor; si ve la ropa sucia, cuídese, pues están tendiéndole una trampa.

Rosa.—Ver estas flores, manifiestan inocencia en la persona que sueña; si las recoge del campo, una proposición matrimonial llegará; si las ve marchitas, sufrirá un terrible desengaño.

Rueda.—Este sueño es muy malo, pues refleja la inconsistencia y poca capacidad de la persona, deparándole tristezas y pobreza en su futuro.

Ruido.—Escuchar mucho ruido en sus sueños, advierte de pleitos con amigos.

Ruinas.—Ver en ruinas alguna casa o edificio, anuncia arrepentimiento, penas y disgustos.

— S —

Sacerdote.—Soñar con uno, presagia una enfermedad; si una mujer se enamora de un sacerdote en sus sueños, sufrirá una decepción amorosa muy grande.

Saco, Chaqueta.—Si un hombre se ve con un saco o una chaqueta, seguramente tendrá una aventura fuera del matrimonio; si la prenda de vestir está muy pequeña, manifiesta la incapacidad del que sueña en cuestiones del amor.

Sal.—Cuando sueñe con este producto, seguramente está demostrando su tendencia a ser limpio y ordenado; si la come una mujer joven, se le pronostica que será abandonada por su amante, el cual, la cambió por otra más bonita; echarle sal a los alimentos, pronostica problemas en el hogar a causa de una discusión.

Saltar.—Soñar que usted salta, vaticina una persecución; si brinca de una gran altura, saldrá victorioso de peligros que le acechan; si otras personas son las que lo hacen, augura que sólo con perseverancia logrará vencer a sus enemigos.

Sanatorio.—Verlo, augura muy buena salud; ingresar a uno, seguramente le advierte sobre la hipocresía de algunos familiares; si es dado de alta de uno, participe en juegos de azar, pues seguramente saldrá ganador.

Sangre.—Ver este líquido en sus sueños, manifiesta la sed de venganza o ataques que sus enemigos planean hacer en su contra; si ésta que ve es de sus hermanos, indica que usted está conectado espiritualmente con ellos; mirar una herida que emana mucha sangre, presagia malos negocios y muerte; si sangra por la nariz, se le vaticina que será rechazado y menospreciado por la gente que le rodea; si sus manos están cubiertas de ella, la suerte desaparecerá de su vida por unos días.

Satanás.—Soñar con este personaje, indica que habrá buenos negocios, pero que debe de cuidarse de no caer en tentaciones o chismes, pues podría perder su buena fortuna.

Secretaria.—Cuando sueñe con una secretaria, se verá protegido y tranquilo por un tiempo, pero después, empezará a ser objeto de chismes y envidias.

Sed.—Soñar que tiene mucha sed, indica que su ambición será desatendida y las angustias y desdichas llegarán a su vida; si la calma, seguramente tendrá éxito en lo económico y una vida muy alegre.

Selva.—Ver una en su sueño, manifiesta su angustia por la mala racha financiera y económica que atraviesa; si se encuentra en ella, es un síntoma inequívoco de que debe de ahorrar.

Semáforo.—Ver un semáforo en funcionamiento, vaticina éxito y noticias alegres.

Sembrar.—Sembrar semillas, augura recompensa por su buena labor; si otros son los que siembran, sus negocios tendrán mucha actividad.

Senos.—Ver sus senos heridos, advierte de una pena que está por llegar; ver los pechos de una nodriza, presagia matrimonio; si siente dolores en ellos, seguramente se trata de un embarazo; si aumentan de tamaño, usted tendrá una vejez muy feliz.

Señoras.—Ver a una señora desconocida en un sueño, predice un hogar donde abundan los chismes; si está en una reunión con varias señoras, seguramente será objeto de una calumnia.

Sepulcro, Sepultura.—Ver uno en sus sueños, presagia constantes desgracias; si visita uno, seguramente una catástrofe amenaza su vida; si camina sobre ellos, su vida matrimonial fracasará.

Serenata.—Escuchar una serenata en sus sueños, vaticina celos y malos entendidos con su pareja.

Sexo.—Generalmente soñar con sexo es canalizar represiones íntimas. Es muy importante que trate de descubrir su actitud ante el sueño, ya que esa podría ser su verdadera conducta hacia el sexo.

Sirvienta.—Soñar con una sirvienta, augura fortuna y tiempos felices; si usted es la doncella, simboliza el lujo y la comodidad.

Sobrino(a).—Verlos en sueño, manifiestan peligros en sus negocios, pero una larga vida; si discute con ellos, sus negocios irán muy bien; si ve morir a uno, situaciones embarazosas y tiempos difíciles llegarán.

Sofá.—Sentarse cómodamente en un sofá, advierte que los deseos que lo impulsan son falsos; si está acompañado de la persona amada en el sofá, sus enemigos lo difamarán con esta persona.

Soga.—Estar amarrado con sogas, significan compromisos difíciles; si nada más la ve, indica una situación embarazosa frente a sus amigos.

Sol.—Soñar con el astro rey presagia éxito en amores; si el Sol es brillante, su futuro estará libre de obstáculos.

Soldados.—Verlos en su sueño, indican trabajo duro y poca paga; si los ve marchando el peligro se acerca; verlos en combate, vaticina victoria en todos sus planes.

Sombrero.—Ver un sombrero de hombre en sus sueños, pronostica tristezas sentimentales; si es de mujer, pronto saldrá de una enfermedad; perderlo, augura falsas amistades; si ve uno roto, habrá deshonor a su alrededor.

Sopa.—Comer sopa, depara buenas noticias; si otros son los que comen sopa, sus opciones de encontrar amores serán muy grandes.

Sortija.—Lucir una sortija, vaticina problemas por causa de un amigo; si la pierde, será inmensamente rico.

Sótano.—Verlo vacío, presagia prosperidad; si duerme en él, será presa de la pobreza.

Suegros.—Soñar con ellos, revela reconciliaciones y sucesos importantes.

Susto.—Si en sus sueños asusta a una persona, el peligro rondará su hogar; si usted es el que se asusta, seguramente lleva una vida desenfrenada.

— T —

Tabaco.—Soñar con esta aromática planta, presagia buena fortuna en los negocios, más no en el amor.

Taller.—Ver un taller en sus sueños, depara que usted no escatimará gastos con tal de eliminar a sus enemigos.

Tambores.—Escuchar tambores en sus sueños, simboliza una conquista.

Tarántula.—Ver en sueños a este animal, manifiesta la inquietud que tiene por culpa de sus enemigos; si la mata, logrará el éxito deseado tras una mala racha.

Tatuaje.—Ver su cuerpo con dibujos, vaticina amores extraños y muchos celos.

Té.—Soñar que toma el té, presagia tristezas pasajeras, si lo hace en compañía de otras personas, revela una larga vida.

Teatro.—Soñar con uno, presagia buenos resultados en su vida privada; si va solo, tendrá amigos valiosos; si alguien lo acompaña, un amigo lo traicionará.

Tejer.—Verse tejiendo, manifiesta su habilidad para solucionar problemas; si una mujer es la que teje, tendrá un buen marido, un hogar feliz.

Teléfono.—Soñar con uno, presagia buenas noticias, aunque algunos problemas en los negocios.

Televisión.—Cuando usted ve este aparato en sus sueños, denota su necesidad de ser admirado por los demás.

Tempestad.—Soñar con tempestades, augura una vida agitada, falta de amor, indecisión y problemas en el trabajo.

Tenedor.—Soñar con un tenedor, pronostica que sus enemigos piensan hacerle daño; si come con él, su felicidad llegará pronto.

Terremoto.—Experimentar un terremoto durante el sueño, manifiesta malos negocios o el fallecimiento de un pariente.

Tesoro.—Encontrar uno, depara un gran afecto por un familiar en problemas; si usted lo pierde, sus negocios irán muy mal.

Tía.—Soñar con una tía, le vaticina críticas injustas; si la visita, recibirá una herencia.

Tiburón.—Encontrarse a uno en sus sueños, indica problemas y pleitos legales; atraparlo, presagia dicha en asuntos personales.

Tienda.—Soñar con una tienda, augura buena suerte y ganancias; si la administra su éxito está asegurado.

Tierra.—Soñar con tierra fértil y generosa, predice matrimonio con la pareja soñada.

Tigre.—Soñar con este felino, evidencia la envidia de nuestros enemigos por nuestra posición; matarlo, vaticina éxito en sus empresas y celos entre sus amigos.

Tijera.—Soñar con unas tijeras, pronostica pleitos y mala suerte; usarlas, anticipa una visita sorpresiva.

Tío.—Ver un tío en nuestros sueños, vaticina problemas en la familia, pero prosperidad en las finanzas.

Toalla.—Verla durante un sueño, presagia grandes utilidades en los negocios.

Toro.—Ver un toro en nuestros sueños, simboliza virilidad e inversiones provechosas; matarlo, indica madurez y evolución en sentimientos; verlo muerto, denota problemas con su sexualidad.

Torre.—Observar una torre muy alta, revela dicha y felicidad.

Tortuga.—Ver estos animales en un sueño, significa mejoras en su negocio.

Trabajo.—Soñar con un trabajo, presagia buena salud; ver gente trabajando, augura mucho trabajo.

Tren.—Verlo pasar, depara descuido en sus negocios; si lo ve llegar a su destino, pronto sabrá de una muerte.

Trigo.—Ver grandes campos de trigo, anuncia prosperidad en sus negocios.

Túnel.—Verlo en un sueño, manifiesta el camino hacia su destino definitivo; llegar al otro extremo, dará por terminada una mala racha en su vida y pronto sabrá un gran secreto.

— U —

Unicornio.—Ver uno en un sueño, vaticina inocencia y pureza; si sólo ve el cuerno de este mítico animal, presagia problemas, pero con cambios muy favorables.

Uniforme.—Usar un uniforme en un sueño, augura fama y relaciones importantes que le ayudarán en su trabajo.

Universidad.—Soñar con una casa de estudios, anuncia el nacimiento de algo o alguien; asistir a la universidad, denota talento en el que sueña.

Uñas.—Verlas durante un sueño, anuncia mucho trabajo con poca paga; si están sucias, presagia una desgracia con un miembro joven de la familia; si están limpias, augura buenos resultados en el campo literario.

Uvas.—Soñar con esta fruta, manifiesta una inmensa felicidad debida a actividades y distracciones agradables; si las come, seguramente recibirá la ayuda que necesita por parte de sus amigos.

— V —

Vaca.—Ver una o varias en sus sueños, presagia victorias y prosperidad; si la ordeña, seguramente sus sueños y metas se verán realizadas con el paso del tiempo.

Vacaciones.—Soñar que está de vacaciones, sugiere que la rutina diaria le empieza a cansar; disfrutarlas sin la compañía de su familia, augura problemas domésticos muy grandes; si va con toda la familia, habrá un cambio importante en su vida.

Vagabundo.—Soñar con este personaje, augura que las malas amistades le harán perder su dinero y posición; si usted es el vagabundo, su honor estará en entredicho.

Vampiro.—Ver uno en sus sueños, le advierte de gente que está a su alrededor y que sólo busca sacarle dinero.

Vecino.—Verlo en un sueño, anuncia problemas domésticos y malos negocios; si lo visita, podrá haber pleitos en su hogar.

Vejez.—Si durante el sueño ve que se va haciendo viejo, gozará de reconocimiento por parte de la gente; si se ve muy viejo, la gente y allegados perderán en usted la confianza y credibilidad.

Velo.—Ver uno durante el sueño, revela noticias de un estudiante que se encuentra lejos; si se ve a una mujer con el rostro cubierto por un velo, seguramente no está siendo sincero del todo con su cónyuge.

Venado.—Ver un venado en un sueño, augura excelentes amistades para los jóvenes, y mucha estabilidad emocional para los casados; si los ve comiendo, recibirá una gran fortuna.

Veneno.—Tomar veneno durante su sueño, vaticina deseos realizados; si lo da a otra persona, habrá un enorme disgusto en nuestro hogar.

Venganza.—Soñar que toma venganza de algo o de alguien, pronostica una larga racha de constantes pleitos legales y personales.

Ventana.—Verlas en sus sueños, augura fracaso en todas sus nuevas aventuras; abrirla denota su deseo de escapar hacia nuevas emociones; aventarse por una ventana vaticina la pérdida de un pleito muy importante; escapar por una, presagia que se verá comprometido en una situación muy desagradable.

Verdugo.—Verlo es señal inequívoca de catástrofe y desastre; si usted es el verdugo, un niño morirá muy pronto.

Verrugas.—Si ve verrugas en su cuerpo en un sueño, no podrá evitar los ataques de sus enemigos; si las verrugas aparecen en sus manos, logrará salir con bien de varios obstáculos.

Viajar.—Realizar un viaje vaticina problemas en los negocios; si hace un viaje por mar y termina en desastre, su relación de amores se verá muy afectada; si sus amigos disfrutan un viaje, habrá cambios agradables en su vida y amoríos; si se ve viajando de pueblo en pueblo, obtendrá un pequeño triunfo en sus negocios.

Víbora.—Soñar con este animal presagia muchos problemas entre los casados; si la mata, la victoria llegará hasta usted.

Vino.—Ver vino en sus sueños es muy bueno, ya que anuncia prosperidad, felicidad y buena fortuna; si lo bebe, sus amigos serán generosos con usted y disfrutará de los placeres de la vida al máximo.

Virgen.—Soñar con una virgen, es símbolo de nobleza y pureza en su alma; si la virgen le habla, indica que debe hacer caso a los consejos de una persona mayor.

Volar.—Verse volando por cualquier lugar, manifiesta su necesidad de escaparse del mundo monótono y aburrido en el cual vive; debe buscar nuevas emociones para ser feliz; realizar un vuelo sin alas o ayuda, augura un enorme éxito y fortuna.

— W —

Whisky.—Beberlo durante un sueño, presagia éxito en sus empresas con base en mucho esfuerzo; si otros son los que lo beben, seguramente el dinero que haga en un futuro, causará muchos problemas y envidias.

— X —

Xenofobia.—Si en sus sueños no puede controlar su odio hacia los extranjeros, la felicidad llegará a su puerta; si usted es objeto de este rechazo en el extranjero, un secreto muy preciado será descubierto.

— Y —

Yate.—Ver un yate, augura fracaso en sus empresas; si lo ve navegar, sus metas están fuera de toda realidad.

Yegua.—Si usted es hombre y ve una joven y fuerte, vaticina que encontrará una esposa joven y rica; si el animal es viejo y feo, una mujer atentará contra sus intereses.

— Z —

Zanahorias.—Comer zanahorias pronostica la llegada de dinero extra, o que un matrimonio se acerca.

Zapatos.—Verlos nuevos predice que, sin mucho esfuerzo, logrará lo que se ha propuesto; si los pierde, la pobreza y enfermedades llegarán a su vida.

Zoológico.—Visitarlo presagia muchas preocupaciones en su vida futura.

Zorra.—Si la ve correr, sus empleados están tratando de engañarlo; perseguirla vaticina que ladrones atacarán pronto; matarla simboliza la desaparición de un falso amigo.

Zurdo.—Ver una persona zurda en un sueño, le advierte de una amistad que le está viendo la cara; si usted es zurdo en su sueño y en la vida real, logrará llegar a esa meta que parecía inalcanzable.

VII. Los Números de la Suerte y Charadas

La asociación de los sueños —o mensajes que recibe durante la noche— con números o animales, siempre ha sido algo de interés general. A continuación, presentaremos los números de la suerte, así como las charadas más conocidas, para que pueda interpretar ese sueño o número en su favor.

Participar en juegos de azar o lotería, ya no será tan difícil, pues si pone en práctica las siguientes indicaciones, mediante sus sueños, podrá saber cuál es su número de la suerte.

Por ejemplo, si usted sueña con un perro, un caballo o un toro, cada uno de estos animales tiene un número de la suerte; si logra recordar qué fue lo que soñó, acuda inmediatamente a ver qué número le corresponde y utilícelo a su favor. Siga estos fáciles pasos y no se arrepentirá.

Los Números de la Suerte y sus Sueños

1. Caballo;
2. Mariposa;
3. Marinero;
4. Gato Boca;
5. Monja;
6. Jicotea;
7. Caracol;
8. Muerto;
9. Elefante;
10. Pescado Grande;
11. Gallo;
12. Ramera;
13. Pavo Real;
14. Gato Tigre;
15. Perro;
16. Toro;
17. Luna;
18. Pescado Chico;
19. Lombriz;
20. Gato Fino;
21. Majá;
22. Sapo;
23. Vapor;
24. Paloma;
25. Piedra Fina;
26. Anguila;
27. Avispa;
28. Chivo;
29. Ratón;
30. Camarón;
31. Venado;
32. Cochino;
33. Tiñosa;
34. Mono;
35. Araña;
36. Cachimba.

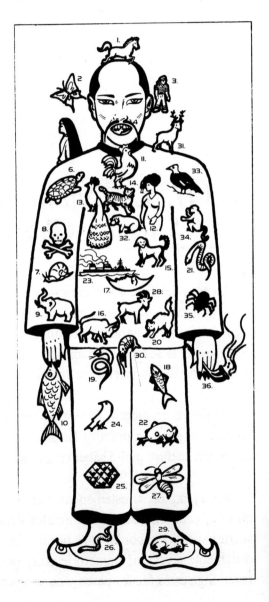

Los Números de las Seis Charadas Más Importantes

AMERICANA

1 Camello
2 Grillo
3 Ciempiés
4 Vela
5 Periódico
6 Botella
7 Medias
8 Mesa chica
9 Cubo
10 Cazuela chica
11 Taller
12 Toallas
13 Muchacho
14 Aretes
15 Gallo
16 Plancha
17 Hule
18 Sirena
19 Tropa
20 Camiseta
21 Cotorra
22 Chimenea
23 Submarino
24 Carpintero
25 Monja
26 Brillante
27 Cuchara grande
28 Mono
29 Venado
30 Buey
31 Zapatos
32 Camarón
33 Jesús de Nazaret
34 Capataz
35 Mosquito
36 Opio
37 Gallina negra
38 Golera
39 Conejo
40 Travieso

41 Pato chico
42 Carnero
43 Vaca
44 Año malo
45 Tranvía
46 Hurón
47 Sangre (mucha)
48 Cucaracha
49 Figurín
50 Florero
51 Oro
52 Borracho
53 Tragedia
54 Sueño
55 Iglesia grande
56 Pato grande
57 Cama
58 Cangrejo
59 Langosta
60 Sol
61 Revólver
62 Lámpara
63 Espada
64 Muerto grande
65 Bruja
66 Estrella
67 Reloj
68 Cuchillo grande
69 Loma
70 Barril
71 Perro mediano
72 Serrucho
73 Manzanas
74 Piña agria
75 Corbatas
76 Caja de hierro
77 Banderas
78 Sarcófago
79 Tren de viajeros
80 Luna llena
81 Navaja grande
82 Vieja mula

83 Limosnero
84 Mar ancho
85 Espejo
86 Ardilla
87 Baúl
88 Espejuelos
89 Mona vieja
90 Vejez
91 Pájaro negro
92 León grande
93 General
94 Leontina
95 Alacrán grande
96 Zapatos nuevos
97 Sinsonte
98 Entierro grande
99 Temporal grande
100 Escoba

CUBANA

1 Tintero
2 Cafetera
3 Taza
4 Llave
5 Candado
6 Reverbero
7 Excremento
8 Calabaza
9 Lira
10 Malla
11 Fosforera
12 Cometa grande
13 Anafre
14 Sartén
15 Cuchara
16 Vestido
17 Camisón
18 Palma
19 Mesa grande
20 Orinal

LOS NÚMEROS DE LAS SEIS CHARADAS MÁS IMPORTANTES

21 Chaleco	63 Bandido	2 Mariposa
22 Lirio	64 Relajo	3 Marinero
23 Escalera	65 Ventana	4 Gato boca
24 Cocina	66 Tarros	5 Monja
25 Sol	67 Fonda	6 Jicotea
26 Médico	68 Templo	7 Caracol
27 Canario	69 Vagos	8 Muerto
28 Político	70 Teléfono	9 Elefante
29 Jutía	71 Pantera	10 Pescado grande
30 Almanaque	72 Collar	11 Gallo
31 Venado	73 Maleta	12 Mujer mala
32 Mulo	74 Coronel	13 Pavo real
33 Santo	75 Guitarra	14 Gato tigre
34 Negro	76 Iluminaciones	15 Perro
35 Bombillo	77 Billetes de banco	16 Toro
36 Bodega	78 Rey	17 Luna
37 Carretera	79 Tren de carga	18 Pescado chico
38 Carro	80 Paraguas	19 Lombriz
39 Baile	81 Ingenio	20 Gato fino
40 Cantina	82 Batea	21 Majá
41 Jubo	83 Bastón	22 Sapo
42 España	84 Banquero	23 Vapor
43 Puerta	85 Reloj grande	24 Paloma
44 Temporal	86 Tijeras	25 Piedra fina
45 Presidente	87 Plátanos	26 Anguila
46 Guagua	88 Vaso	27 Avispa
47 Escolta	89 Cometa	28 Chivo
48 Barbería	90 Caramelos	29 Ratón
49 Percha	91 Alpargatas	30 Camarón
50 Alcalde	92 Cuba	31 Venado
51 Sereno	93 Sortija de valor	32 Cochino
52 Abogado	94 Habana	33 Tiñosa
53 Dinamita	95 Matanzas	34 Mono
54 Cañón	96 Periódico	35 Araña chica
55 Balas	97 Grillo grande	36 Cachimba
56 Piedra	98 Traición	37 Bruja
57 Cama	99 Carbonero	38 Macao
58 Cuchillo	100 Paradero	39 Culebra
59 Langosta		40 Cura
60 Cómico	**CHINA**	41 Lagartija
61 Boticario		42 Pato
62 Visión	1 Caballo	43 Alacrán

Los Números de las Seis Charadas Más Importantes

44 Año del cuero
45 Tiburón
46 Humo
47 Pájaro
48 Cucaracha
49 Borracho
50 Policía
51 Soldado primera
52 Bicicleta
53 Luz eléctrica
54 Gallina blanca
55 Cangrejo
56 Reina
57 Telegrama
58 Adulterio
59 Fonógrafo
60 Sol oscuro
61 Cañonazo
62 Matrimonio
63 Asesino
64 Tiro de rifle
65 Cárcel
66 Divorcio
67 Puñalada
68 Cementerio grande
69 Pozo
70 Coco
71 Río
72 Ferrocarril
73 Parque
74 Papalote
75 Cine
76 Bailarina
77 Banderas
78 Obispo
79 Coche de lujo
80 Médico
81 Teatro
82 León
83 Tragedia
84 Sastre
85 Madrid

86 Convento
87 New York
88 Espejuelos
89 Lotería
90 Espejo grande
91 Tranvía
92 Globo muy alto
93 Revolución
94 Machete
95 Guerra
96 Desafío
97 Mosquito grande
98 Piano
99 Serrucho grande
100 Automóvil

HINDÚ

1 Caballo
2 Mariposa
3 Fuego
4 Militar
5 Fruta
6 Carta
7 Caballero
8 Muerte
9 Esqueleto
10 Dinero
11 Fábrica
12 Dama
13 Niño
14 Matrimonio
15 Perro
16 Funerales
17 Armas
18 Pesca
19 Armadura
20 Libro
21 Cigarro
22 Sol
23 Barco
24 Cocina

25 Casa
26 Brillante
27 Baúl
28 Uvas
29 Águila
30 Cangrejo
31 Zapatos
32 Demonio
33 Bofetón
34 Mono
35 Araña
36 Coloso
37 Gitana
38 Guantes
39 Culebra
40 Estatua
41 Capuchino
42 Abismo
43 Presidiario
44 Tormenta
45 Escuela
46 Baile
47 Gallo
48 Abanico
49 Tesoro
50 Picador
51 Anteojos
52 Riña
53 Beso
54 Rosas
55 Caerse
56 Cara
57 Ángel
58 Ferretero
59 Anillo
60 Avecillas
61 Pintor
62 Academia
63 Caracol
64 Bruja
65 Comida
66 Carnaval

LOS NÚMEROS DE LAS SEIS CHARADAS MÁS IMPORTANTES

67	Aborto	6	Carta	48	Abanico
68	Bolos	7	Sueño	49	Riqueza
69	Fiera	8	León	50	Alegría
70	Arco Iris	9	Entierro	51	Sed
71	Sombrero	10	Paseo	52	Coche
72	Cetro	11	Lluvia	53	Prenda
73	Ajedrez	12	Viaje	54	Flores
74	Cólera	13	Niño	55	Baile
75	Flores	14	Matrimonio	56	Escorpión
76	Violín	15	Visita	57	Ángeles
77	Colegio	16	Incendio chico	58	Retrato
78	Apetito	17	Mujer buena	59	Araña grande
79	Ahogado	18	Iglesia	60	Payaso
80	Barba	19	Campesino	61	Piedra grande
81	Actriz	20	Cañón	62	Nieve
82	Estrella	21	Reloj de bolsillo	63	Cuernos
83	Bastón	22	Estrella	64	Maromero
84	Cofre	23	Monte	65	Comida
85	Reloj	24	Música	66	Máscara
86	Desnudar	25	Casa	67	Autoridad
87	Paloma	26	Calle	68	Globo
88	Hojas	27	Campana	69	Fiera
89	Melón	28	Bandera	70	Tiro
90	Espejo	29	Nube	71	Sombrero
91	Bolsa	30	Arco iris	72	Buey viejo
92	Gato	31	Escuela	73	Navaja
93	Joyas	32	Enemigo	74	Serpiente
94	Perfume	33	Baraja	75	Viento
95	Espada	34	Familia	76	Humo (mucho)
96	Roca	35	Novia	77	Guerra
97	Correr	36	Teatro	78	Tigre
98	Piano	37	Hormiga	79	Lagarto
99	Lluvia	38	Dinero	80	Buena noticia
100	Máquina	39	Rayo	81	Barco
		40	Sangre	82	Pleito
INDIA		41	Prisión	83	Procesión
		42	País lejano	84	Ciego
1	Sol	43	Amigo	85	Águila
2	Hombre	44	Infierno	86	Marino
3	Luna nueva	45	Traje	87	Palomo
4	Soldado raso	46	Hambre	88	Gusano
5	Mar	47	Mala noticia	89	Agua

LOS NÚMEROS DE LAS SEIS CHARADAS MÁS IMPORTANTES

90 Asesino
91 Limosnero
92 Suicidio
93 Andarín
94 Mariposa grande
95 Perro grande
96 Mujer santa
97 Mono grande
98 Visita regia
99 Gallo grande
100 Dios

INTERNACIONAL

1 Pescado chico
2 Caracol
3 Muerto
4 Pavo real
5 Lombriz
6 Luna
7 Cochino
8 Tigre
9 Buey
10 Lancha
11 Caballo
12 Perro grande
13 Elefante
14 Gato boca
15 Ratón
16 Avispa
17 Fuma opio
18 Gato amarillo
19 Jutía
20 Mujer
21 Gallo
22 Jicotea
23 Anguila
24 Pescado grande
25 Rana
26 Nube de oro
27 Mono
28 Perro chico

29 Venado
30 Chivo
31 Pato
32 Majá
33 Camarón
34 Paloma
35 Mariposa
36 Pajarito
37 Piedra fina
38 Barril
39 Tintero
40 Bombero
41 Clarín
42 Liga
43 Jorobado
44 Plancha
45 Estrella
46 Chino
47 Rosas
48 Cubo
49 Fantasma
50 Árbol
51 Presillas
52 Libreta
53 Alguacil
54 Timbre
55 Sello
56 Merengue
57 Puerta
58 Batea
59 Loco
60 Tempestad
61 Saco
62 Carretilla
63 Escalera
64 Baraja
65 Trueno
66 Postalita
67 Zapato
68 Dinero
69 Polvorín
70 Bala

71 Fusil
72 Relámpago
73 Cigarros
74 Tarima
75 Kiosco
76 Represa
77 Anfora
78 Lunares
79 Dulces
80 Trompo
81 Cuerda
82 Muelle
83 Madera
84 Bohío
85 Guano
86 Palma
87 Fuego
88 Aduanero
89 Tesoro
90 Temporal
91 Bolchevique
92 Anarquista
93 Libertad
94 Flores
95 Revolución
96 Pícaro
97 Limosnero
98 Ortofónica
99 Fonógrafo
100 Derrumbe

LOS 100 NÚMEROS DE LAS CHARADAS

1 **Caballo,** Sol, Tintero, Camello y Pescado chico.
2 **Mariposa,** Hombre, Cafetera, Grillo y Caracol.
3 **Marinero,** Luna, Taza, Ciempiés y Muerto.
4 **Gato,** (boca), Soldado, Llave, Vela, Militar y Pavo Real.
5 **Monja,** Mar, Candado, Periódico, Fruta y Lombriz.
6 **Jicotea,** Carta, Reverbero, Botella y Luna.
7 **Caracol,** Sueño, Heces Fecales, Medias, Caballero y Cochino.
8 **Muerto,** León, Calabaza, Mesa y Tigre.
9 **Elefante,** Entierro, Lira, Cubo, Esqueleto y Buey.
10 **Pescado Grande,** Paseo, Malla, Cazuela, Dinero y Lancha.
11 **Gallo,** Lluvia, Fósforo, Taller, Fábrica y Caballo.
12 **Mujer Santa,** Viaje, Toallas, Cometa, Dama y Perro Grande.
13 **Pavo Real,** Niño, Anafre, Souteneur y Elefante.
14 **Gato Tigre,** Matrimonio, Aretes y Sartén. (También Cementerio).
15 **Perro,** Visita, Cuchara, Galio (por lo alto) y Ratón.
16 **Toro,** Plancha, Vestido, Incendio chico, Funerales y Avispa.
17 **Luna,** Mujer buena, Hule, Camisón, Armas y Fuma Opio.
18 **Pescado chiquito,** Iglesia, Sirena, Palma, Pesca y Gato amarillo.
19 **Lombriz,** Campesino, Tropa, Mesa grande. Armadura y Jutía.
20 **Gato fino,** Cañón, Camiseta, Orinal, Libro y Mujer.
21 **Majá,** Reloj de bolsillo, Chaleco, Cotorra, Cigarro y Gallo.
22 **Sapo,** Estrella, Lirio, Chimenea, Sol y Jicotea.
23 **Vapor,** Monte, Submarino, Escalera, Barco y Anguila.
24 **Paloma,** Música, Carpintero, Cocina y Pescado grande.
25 **Piedra fina,** Casa, Sol, Monja (por lo alto) y Rana.
29 **Anguila,** Calle, Médico, Brillante y Nube de oro.
27 **Avispa,** Campana. Cuchara grande, Canario, Baúl y Mono.
28 **Chivo,** Bandera, Político, Uvas y Perro chico.
29 **Ratón,** Nube, Jutía, Venado (por lo bajo) y Águila.
30 **Camarón,** Arco Iris, Almanaque, Buey, Cangrejo y Chivo.
31 **Venado,** Escuela, Zapatos y Pato (por lo bajo).
32 **Cochino,** Enemigo, Mulo, Demonio y Majá.
33 **Tiñosa,** Baraja, Santo, Jesucristo, Bofetón y Camarón.
34 **Mono,** Familia, Negro, Capataz y Paloma.
35 **Araña,** Novia, Bombillos, Mosquito (por lo bajo) y Mariposa.
38 **Cachimba,** Teatro, Bodega, Opio, Coloso y Pajarito.
37 **Gallina prieta,** Gitana, Hormiga, Carretera y Piedra fina.
38 **Dinero,** Macao, Carro, Goleta, Guantes y Barril.
39 **Conejo,** Culebra, Rayo, Baile y Tintorero.
40 **Cura,** Sangre, Bombero, Muchacho maldito, Cantina y Estatua.
41 **Lagartija,** Prisión, Pato chico, Jubo, Capuchino y Clarín.
42 **Pato,** País lejano, Carnero, España, Abismo y Liga.
43 **Alacrán,** Amigo, Vaca, Puerta, Presidiario y Jorobado.
44 **Año del cuero,** Infierno, Año malo, Temporal, Tormenta y Plancha.
45 **Tiburón,** Presidente, Traje, Tranvía (por lo bajo), Escuela y Estrella.
48 **Guagua,** Humo, Hambre, Hurón, Baile y Chino.
47 **Pájaro,** Mala noticia, Mucha sangre, Escoita, Gallo y Rosa.
48 **Cucaracha,** Abanico, Barbería y Cubo.
49 **Borracho,** Riqueza, Figurín, Percha, Tesoro y Fantasma.
50 **Policía,** Alegría, Florero, Alcalde, Picador y Árbol.

LOS 100 NÚMEROS DE LAS CHARADAS

51 Soldado, Sed, Oro, Sereno, Anteojos y Presillas.
52 Bicicleta, Coche, Borracho, Abogado, Riña y Libreta.
53 Luz eléctrica, Prenda, Tragedia, Dinamita, Beso y Alguacil.
54 Flores, Gallina blanca, Sueños, Timbre, Cañón y Rosas.
55 Cangrejo, Baile, Iglesia grande; Los Isleños, Caerse y Sellos.
58 Reina, Escorpión, Pato grande, Merengue, Piedra y Cara.
57 Cama, Angeles, Telegrama y Puerta.
58 Adulterio, Retrato, Cuchillo, Cangrejo, Ferretero y Batea.
59 Loco, Fonógrafo, Langosta, Anillo y Araña grande.
60 Sol oscuro, Payaso, Cómico, Tempestad y Avecillas.
61 Cañonazo, Piedra grande, Revólver, Boticario, Pintor y Saco.
62 Matrimonio, Nieve, Lámpara, Visión, Academia y Carretilla.
63 Asesino, Cuernos, Espada, Bandidos, Caracol y Escalera.
84 Muerto grande, Tiro de rifle, Maromero, Relajo, Vagos y Fiera.
65 Cárcel, Comida, Bruja, Ventana y Trueno.
66 Divorcio, Tarros, Máscara, Estrella, Mudada y Carnaval.
67 Puñalada, Reloj, Autoridad, Fonda, Aborto y Zapato.
68 Cementerio grande, Globo, Cuchillo grande, Templo, Bolos y Dinero.
69 Pozo, Fiera, Loma, Vagos y Polvorín.
70 Telefono, Coco, Tiro, Barril, Arco iris y Bala.
71 Río, Sombrero, Perro mediano, Pantera y Fusil.
72 Ferrocarril, Buey viejo, Serrucho, Collar, Cetro y Relámpago.
73 Parque, Navaja, Manzanas, Maleta, Ajedrez y Cigarro.
74 Papalote, Coronel, Serpiente, Cólera y Tarima.
75 Cine, Corbata, Viento, Guitarra, Flores y Quiosco.
76 Bailarina, Humo (mucho), Caja de Hierro, Violín, Iluminaciones y Represa.
77 Banderas, Guerra, Colegio, Billetes de Banco y Anfora.
78 Obispo, Tigre (por lo alto), Sarcófago, Rey, Apetito y Lunares.
79 Coche, Lagarto, Abogado, Tren de Carga o de Viajeros y Dulces.
80 Médico, Buena noticia, Luna llena, Paraguas, Barba y Trompo.
81 Teatro, Barco, Navaja grande, Ingenio, Cuerda y Actriz.
82 Madre, León, Batea, Pleito, Estrella y Muelle.
83 Tragedia, Procesión, Limosnero, Bastón y Madera.
84 Ciego, Sastre, Bohío, Banquero, Cofre y Mar ancha.
85 Reloj, Madrid, Águila, Espejo y Guano.
86 Convento, Marino, Ardilla, Tijera, Desnudar y Palma.
87 Nueva York, Baúl, Paloma, Fuego y Plátanos.
88 Espejuelos, Gusano, Vaso, Hojas y Aduanero.
89 Lotería, Agua, Mona vieja, Corneta, Melón y Tesorero.
90 Viejo, Espejo grande, Caramelo, Temporal y Asesino.
91 Tranvía, Pájaro negro, Limosnero, Alpargatas, Bolsa y Bolchevique.
92 Globo muy alto, Suicidio, Cuba, Anarquista, Gato y León grande.
93 Revolución, Sortija de valor, General, Andarín, Joyas y Libertad.
94 Machete, Mariposa grande, Leontina, Perfume, Habana y Flores.
95 Guerra, Perro grande, Alacrán grande, Espada, Matanzas y Revolución.
96 Desafío, Periódico, Pícaro, Zapatos nuevos, Roca y Mujer santa.
97 Mosquito grande, Mono grande, Sinsonte, Grillo grande, Correr y Limosnero.
98 Piano, Entierro grande, Traición, Visita regia, Fonógrafo y Ortofónica.
99 Serrucho, Gallo grande, Temporal muy grande, Carbonero y Lluvia.
100 Inodoro, Dios, Escoba, Automóvil, Paradero y Derrumbe.

LENGUAJE DE LAS PLANTAS CON SUS NÚMEROS CORRESPONDIENTES

Acacia — 155
Acacia rosada — 231
Acanto — 086
Adelfa — 042
Albahaca — 348
Alelí en general — 856
Alfilerillo blanco — 494
Alfilerillo rosado — Valor, 292
Altea — 798
Alverjilla olorosa — 512
Amapola — 308
Amaranto — 929
Amarilis — 942
Ambrosía — 990
Anís — 313
Araza de corona — 807
Árbol de pascua — 206
Arco iris — 583
Azahar — 229
Azucena blanca   137
Azucena rosada — 970
Azucena listada — 112
Azucena anaranjada — 273
Almendro — 778
Avellano — 052
Alfalfa — 956
Algodón — 253
Aloé — 333
Apio —121
Azafrán — 701
Albaricoque — 849
Aceitunas — 465
Almendra — 174
Agua de almizcle — 571
Agua de azahar — 049
Agua de colonia — 915
Agua de lavanda — 346
Agua de jazmín — 584
Agua Hediosina — 038
Agua Mil flores — 818
Agua Portugal — 466

Bálsamo — 940
Beleño — 351
Belladona — 852
Bellorita — 942
Borraja — 495
Botón de oro — 998
Botón de plata — 430
Botón clavel blanco — 061
Botón encarnado — 162
Botón rosado — 300
Botón rojo — 565
Botón rosa blanca — 000
Botón de la India — 959
Brezo — 024

Cabellos — 591
Cacao — 146
Canela — 825
Caramel — 948
Castaña — 553
Cala — 493
Camelia — 854
Campanilla en general — 136
Campanilla escarlata — 098
Cardo — 209
Cardo santo — 028
Celedonia — 010
Cedrín — 127
Clavel blanco — 456
Clavel rayado — 701
Clavel de la India   951
Clavel encarnado — 890
Clavel rosado — 152
Clavel rojo — 597
Clavel amarillo — 932
Clavel de onza — 883
Clavel de almirante — 862
Clavelina blanca — 601
Clavelina encarnada — 944
Clavelina doble — 235
Corales — 542

Corona de rosas — 232
Castaña de la India — 534
Cedro — 170
Cerezo silvestre — 189
Césped — 050
Ciprés — 872
Ciruelo — 324
Cicuta — 898
Culandrillo — 904
Cidra — 279
Coco — 106
Clavo de especie — 922

Dalia — 146
Dalia escarlata — 100
Dalia roja — 980
Diamela — 023
Diente de León — 632

Esencia de rosa — 405
Ébano — 656
Encina — 634
Enebro — 372
Escarola — 877
Espiga de trigo — 668
Espinillo blanco — 403
Espino — 024

Flor de seda — 026
Flor de pasión de biricuyó — 636
Flor cuenta — 412
Flor lis — 732.
Flor lazo — 731
Flor manzano — 260
Flor nieve — 073
Flor Tabaco — 302
Flor Algodón — 107
Flor Pajarito — 828
Flor Azúcar — 203
Flor amarilla — 683
Flor rosada y azul — 945
Floripondio — 036
`resa — 978

Geranio — 419
Girasol — 983
Guirnalda de flores — 797
Granada — 733
Guindas — 025

Heliotropo — 621
Hortensia — 004
Hiedra — 831
Higos blancos — 637
Higos negros — 039
Higos morados — 933
Hinojos — 638
Hoja de higuera — 068
Hoja de ciprés — 140
Hojas secas — 033
Hoja de rosas — 976
Hoja marchita — 040
Hongo — 876

Iris — 704
Incienso — 166

Jacinto — 210
Jazmín del cabo — 252
Jazmín del país — 634
Jazmín de Chile — 058
Jazmín diamela — 043
Jazmín amarillo — 912
Junco — 973

Laurel — 044
Laurel de rosa — 257
Lengua de buey — 837
Lila blanca — 781
Lila de colores — 052
Lino — 043
Limón — 041
Limón dulce — 087
Lima blanca — 702
Lima bermeja — 828
Lirio blanco — 103
Lirio azul — 157
Lirio escarlata — 755

LOS COLORES Y SUS NÚMEROS

Amarillo — 926
Amarillo y azul — 010
Amarillo y blanco — 233
Amarillo y morado — 794
Amarillo y negro — 893
Azul — 078
Azul celeste y plateado — 478
Azul celeste y violeta — 066

Blanco — 790
Blanco y morado — 535
Blanco y negro — 134
Blanco y punzó — 677
Blanco y verde — 543

Carmesí — 582
Cinta amarilla — 092
Cinta amarillo oscuro — 487

Cinta azul y blanca — 969
Cinta blanca — 924
Cinta negra — 792
Cinta verde — 528

Encarnado y verde — 101

Morado — 735
Morado y verde — 504

Negro — 067

Pirámide — 793
Punzó — 054

Verde —791

Violeta — 080

TÍTULOS DE ESTA COLECCIÓN

Impreso en Offset Libra

Francisco I. Madero 31

San Miguel Iztacalco,

México, D.F.